开启
华夏
大一统
新篇章

开启
华夏
大一统
新篇章

中国圣山　徐水釜山

清《安肃县志》记载的安肃八景之一“釜山合符”图
釜山合符的时间即黄帝元年公元前2698年

釜山符合

2008 年 10 月，河北省文物研究所考古队在徐水釜山顶古庙基址发掘现场

釜山古庙东配殿平面图

釜山山顶残碑

合符残碑

釜山山顶古庙遗址（2024年5月摄）

合符台（2024 年 5 月摄）

釜阳泉

釜山崖刻山洞实景

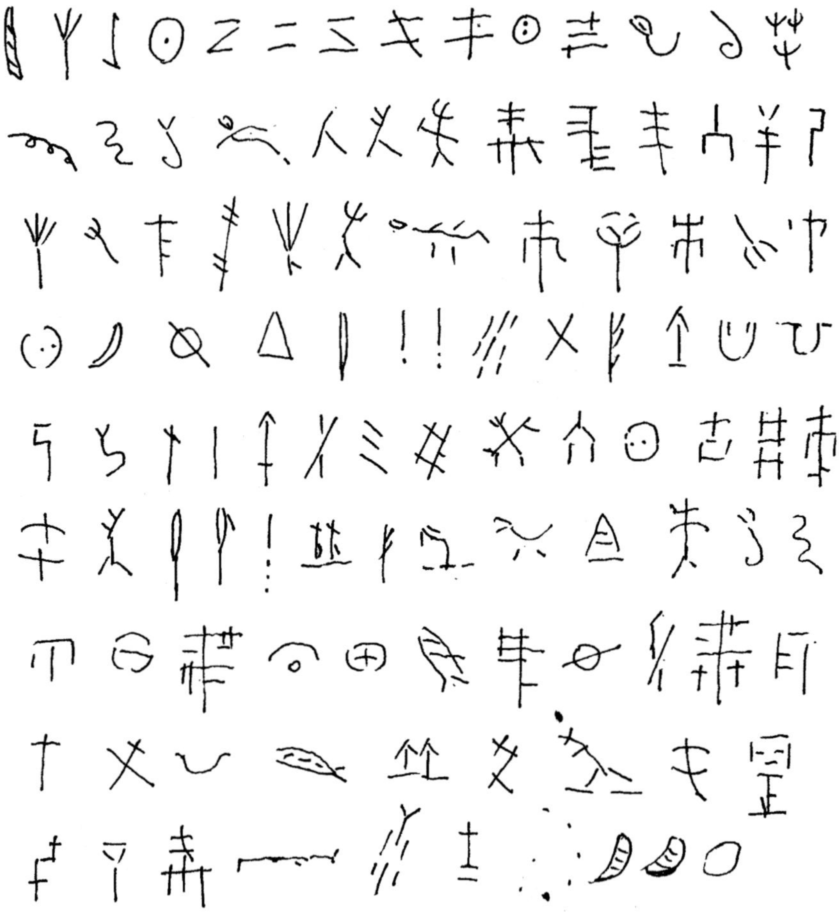

釜山崖刻临摹

祖禾壬日乙 二 纪 之夏並蚕 齐
畜 龙 申 人 逐 帝 玉 圣羊弟
花 丑 作 杀桑大 葬 常 子 轩 祐 辕
秋 月 分 山 星 水 五阜 矢心 釜
兄 命戈 十金 后 癸 宗 冬日 吉同黄
合 炎 星土 暴 牧 仓 蚩雲
宇 阴 农 天 阳 鸿 戍 争 力 戎 凤
甲 云 师 鱼 符 先 兵 王
尤 地 河 神 祭 民 舟 丁

徐水出土汉代墓画像石

三虎逐鹿、二龙戏鱼墓顶（1978 年遂城镇王坎庄东汉墓出土）

凤凰、青龙墓壁（1978 年遂城镇王坎庄东汉墓出土）

朱雀、白虎铺首衔环墓门（1980 年东釜山乡东汉墓出土）

朱雀、青龙铺首衔环墓门（1980 年东釜山乡南釜山东汉墓出土）

玄武、青龙墓壁（1978 年遂城镇王坎庄东汉墓出土）

徐水釜山文化研究会

釜山合符
神州一統

己丑仲秋 李伯谦

北京大学震旦古代文明研究中心主任、北京大学考古文博学院原院长李伯谦题词

保护文物遗跡
弘扬釜山文化

徐水釜山文化研究会

張文彬
二〇〇八年九月

中华炎黄文化研究会常务副会长、国家文物局原局长张文彬题词金沙文化研究会：

探索历史之谜
宏扬传统文化
为建设社会主义先进文明做出新的贡献

北京大学
李伯谦
2008.5.29

北京大学震旦古代文明研究中心主任、北京大学考古文博学院原院长李伯谦题词

宏扬叠山
历史文化
遗产。

原思训
2008.5.29

北京大学考古文博学院教授、全国著名科技考古专家原思训题词

《史记》

史记卷一　五帝本纪第一

黄帝者，少典之子，姓公孙，名曰轩辕。生而神灵、弱而能言、幼而徇齐、长而敦敏、成而聪明。

轩辕之时，神农氏世衰。诸侯相侵伐，暴虐百姓，而神农氏弗能征。于是轩辕乃习用干戈，以征不享，诸侯咸来宾从。而蚩尤最为暴，莫能伐。炎帝欲侵陵诸侯，诸侯咸归轩辕。轩辕乃修德振兵，治五气，艺五种，抚万民，度四方，教熊、罴、貔、貅、貙、虎①，以与炎帝战于阪泉之野，三战。然后得其志。

蚩尤作乱，不用帝命。于是黄帝乃征师诸侯，与蚩尤战于涿鹿之野，遂禽杀蚩尤。而诸侯咸尊轩辕为天子，代神农氏，是为黄帝。天下有不顺者，黄帝从而征之，平者去之，披山通道，未尝宁居。

东至于海，登丸山，及岱宗；西至于空桐，登鸡头；南至于江，登熊、湘；北逐荤粥，合符釜山，而邑于涿鹿之阿。迁徙往来无常处，以师兵为营卫。官名皆以云命，为云师。置左右大监，监于万国。万国和，而鬼神山川封禅② 与为多焉。获宝鼎，迎日推策。举风后、力牧、常先、大鸿以治民。顺天地之纪、幽明之占、死生之说、存亡之难。时播百谷草木，淳化鸟兽虫蛾，旁罗日月、星辰、水波、土石、金玉，劳勤心力耳目，节用水火材物。有土德之瑞，故号黄帝。

黄帝二十五子，其得姓者十四人。

黄帝居轩辕之丘，而娶于西陵之女，是为嫘祖。嫘祖为黄帝正妃，生二子，其后皆有天下。其一曰玄嚣，是为青阳，青阳降居江水。其二曰昌意，降居若水。昌意娶蜀山氏女，曰昌仆，生高阳。高阳有圣德焉。黄帝崩，葬桥山。其孙昌意之子高阳立，是为帝颛顼也。

帝颛顼高阳者，黄帝之孙而昌意之子也。静渊以有谋，疏通而知事，养材以任地，载时以象天，依鬼神以制义③，治气以教化，絜诚以祭祀。北至于幽陵，南至于交阯，西至于流沙，东至于蟠木。动静之物，大小之神，日月所照，莫不砥属。

帝颛顼生子曰穷蝉。颛顼崩，而玄嚣之孙高辛立，是为帝喾。

《史记》记载"合符釜山"

中華民國六十五年　月臺一版

徐水縣新志

全三冊

發行人：黃成助
出版者：成文出版社有限公司
台北市郵政信箱二二六〇五號
台北市羅斯福路三段二四〇巷五號
印刷者：成文出版社有限公司
内政部登記證内版台業字第一一四七號

中华民国《徐水县新志》

大事記

徐水古為荒僻之區，載籍罕見，凡事未見發展，如人物事蹟政治風俗經濟於正史者甚鮮，散見於他書者更屬蕪雜，以代遠年湮，事多埋沒，編年紀事，未能盡詳，僅就見聞所及者，將經過事實並發現災祥，分年紀載之

黃帝

軒轅氏巡方問俗，誅蚩尤於涿鹿，登釜山會諸侯，合符示信。徐水西釜山頂上有黃帝臺遺蹟猶存（按資治通鑑黃帝合符釜山明註為武遂之釜山）

黃帝合符为武遂釜山，现在的徐水釜山

釜阳山

民国二十一年《徐水县新志》卷（一）

河北省

徐水縣新志

（一）

中國方志叢書・華北地方・第五〇二號

據 民國・劉延昌總裁，劉鴻書等編纂
民國二十一年鉛印本 影印

馬山在縣西大王店東

形山在縣西樊村

藥欄山在縣西五十里有黃伯陽洞

釜陽山在縣西北四十五里

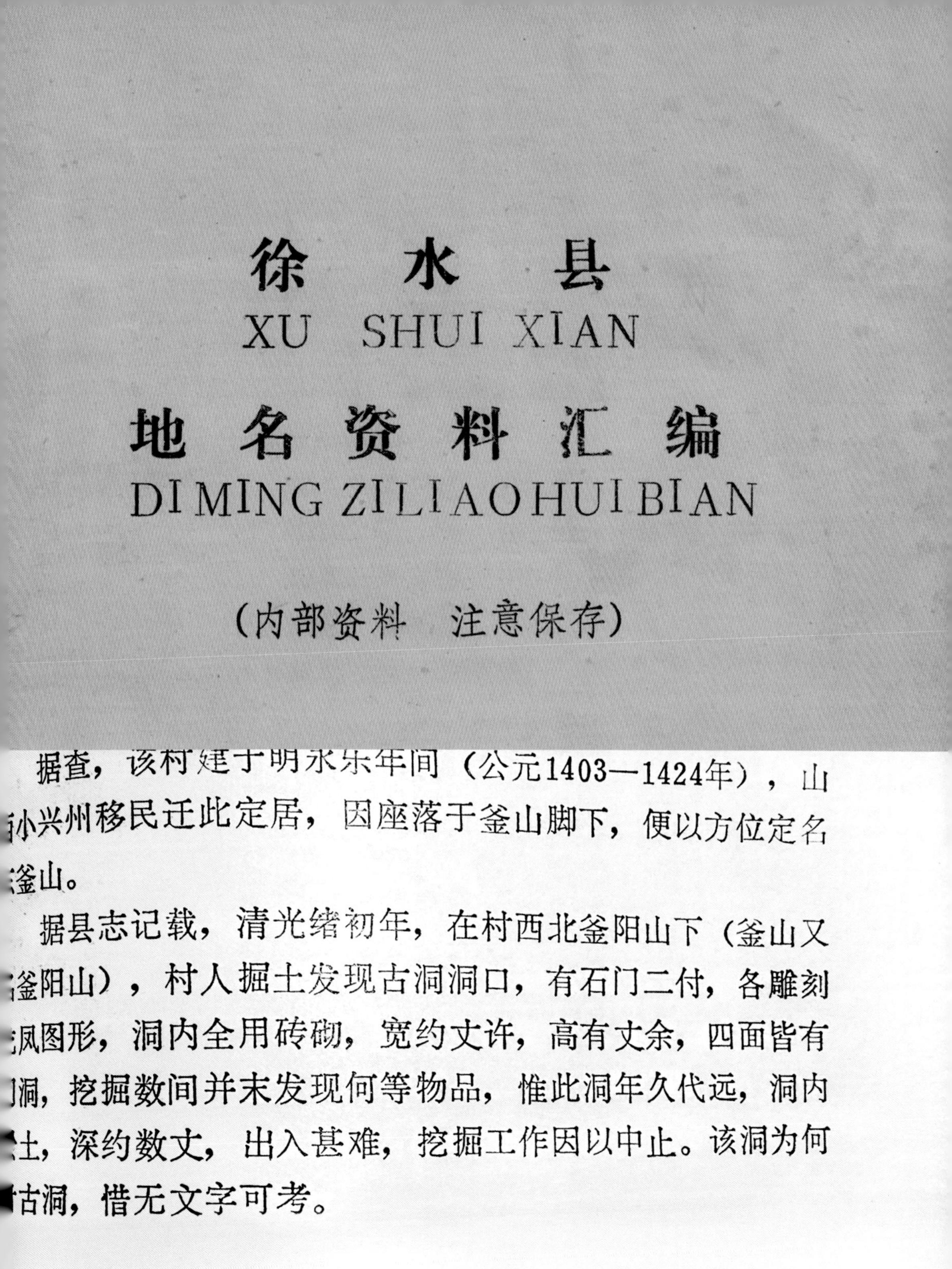
徐 水 县
XU SHUI XIAN

地 名 资 料 汇 编
DIMING ZILIAOHUIBIAN

（内部资料 注意保存）

据查，该村建于明永乐年间（公元1403—1424年），山
小兴州移民迁此定居，因座落于釜山脚下，便以方位定名
釜山。

据县志记载，清光绪初年，在村西北釜阳山下（釜山又
釜阳山），村人掘土发现古洞洞口，有石门二付，各雕刻
凤图形，洞内全用砖砌，宽约丈许，高有丈余，四面皆有
洞，挖掘数间并未发现何等物品，惟此洞年久代远，洞内
土，深约数丈，出入甚难，挖掘工作因以中止。该洞为何
古洞，惜无文字可考。

釜山又名釜阳山

字焉

釜陽泉縣西釜山山腰有三泉雖經大旱泉水不乾

落星石在縣西樊村于石橋西邊石如人形高可四尺石根入地極深俗名曰星星石

釜山古洞在縣西東釜山村西北釜陽山下清光緒初年村人掘土發現古洞洞口有石門一付各雕刻龍鳳圖形洞內全用磚砌寬約丈許高有丈餘四面皆有門洞挖掘數間並未發現何等物品惟此洞年湮代遠洞內淤土深約數尺出入

釜阳泉

鳴鳳爲舊日八景之一昔日鳳山書院因此得名

象山在縣西四十三里其形類象考統志江西廣信府有象山陸子靜兄弟實鍾生焉徐水之西有山巃然如象爲扶輿磐鬱之氣所成故鍾毓多奇偉如元郝天挺明鄭襄敏諸公幾堪與諸陸媲美象山之峙豈徒然哉

釜山在縣西四十五里山形如釜相傳黃帝會諸侯合符於此頂上有石隙可以注水經久不竭味極甘美有患目疾者洗之即愈俗傳爲石釜瓊漿

斑嫙山在縣西四十一里云漢婕妤一云斑彪之女曹大家一云隋煬帝妃從征高麗卒葬於此三說未知孰是但山既以

釜山顶上的石釜琼浆

光明日报

5版 ·观察与探索·

《史记》记载,黄帝曾"合符釜山"。黄帝与各部族代表在釜山统一符契、共同结盟。此后,华夏民族大小部落联合于黄帝麾下,开创了中华五千年文明史——

黄帝"合符釜山"到底在哪里

——一个民间研究成果引出的中华古代文明研究话题

本报记者 袁 祥 王逸吟

量努力的方向。

可是《史记》记载的"合符釜山"到底

等,都隐现着模糊的历史投影。

中国古代文明研究应广泛

民间力量相结合所产生的一种力量。"

古代文明研究接续中华民族

媒体对釜山合符的报道

河北日报

HEBEI DAILY

16

CN13-0001

专家论证:徐水釜山很可能是黄帝"合符"之地

▶2版

胡锦涛作出重要批示

努力使所有伤病残军人得到妥善安置

有关专家学者经过论证后认为

徐水釜山很可能是黄帝"合符"之地

本报徐水10月15日电(实习生陈玉杰 记者薛惠娟)《史记》记载,黄帝曾"合符釜山"。釜山因此成为中华五千年文明的奠基之地,中华大

合符之地,即统一符契结盟的地方。"合符釜山"是中华民族历史上的一个转折点,自此古代部落形成联盟,走向了民族的

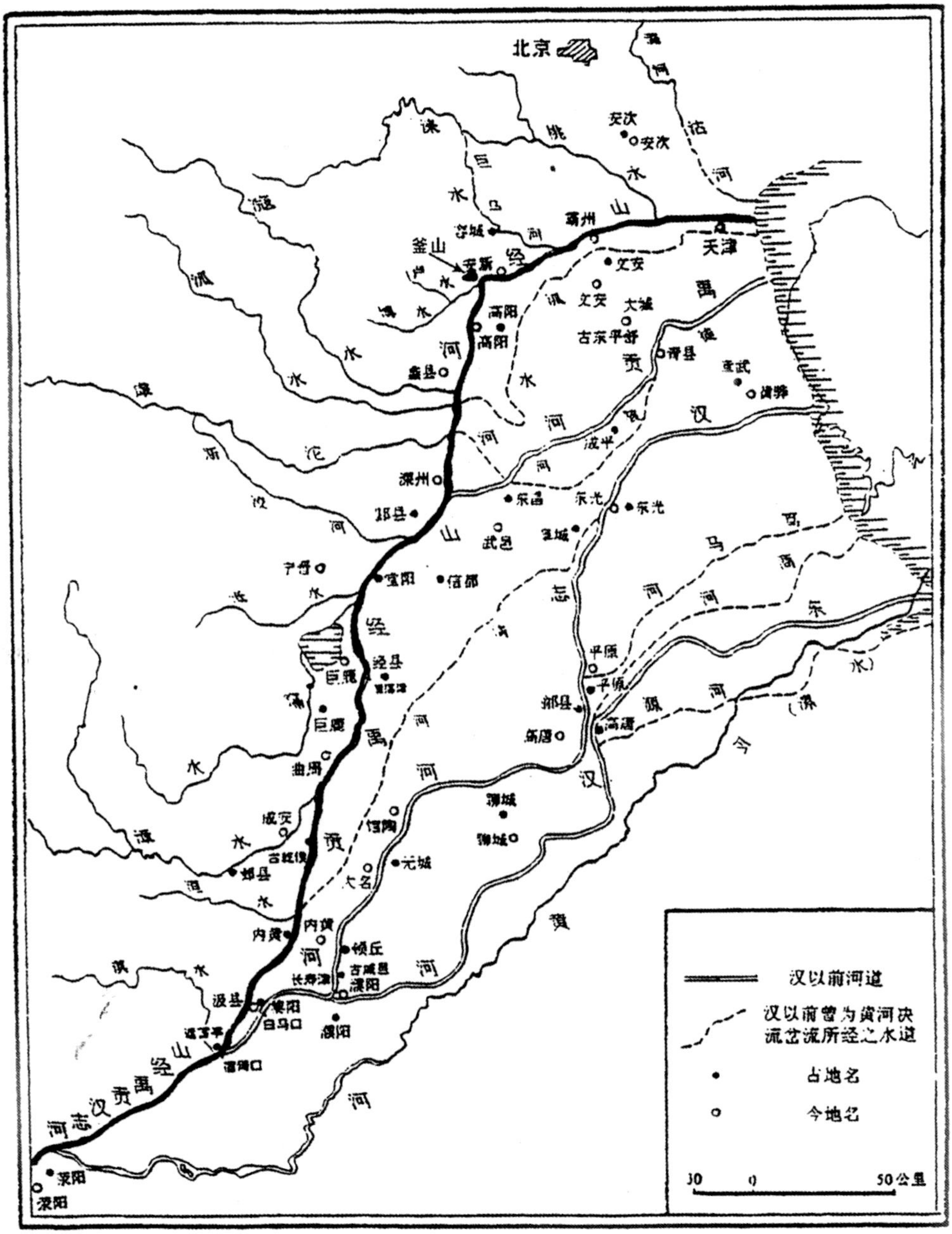

先秦至东汉黄河下游变迁图

安新
徐水釜山
高阳
蠡县
深州
宁晋
武邑

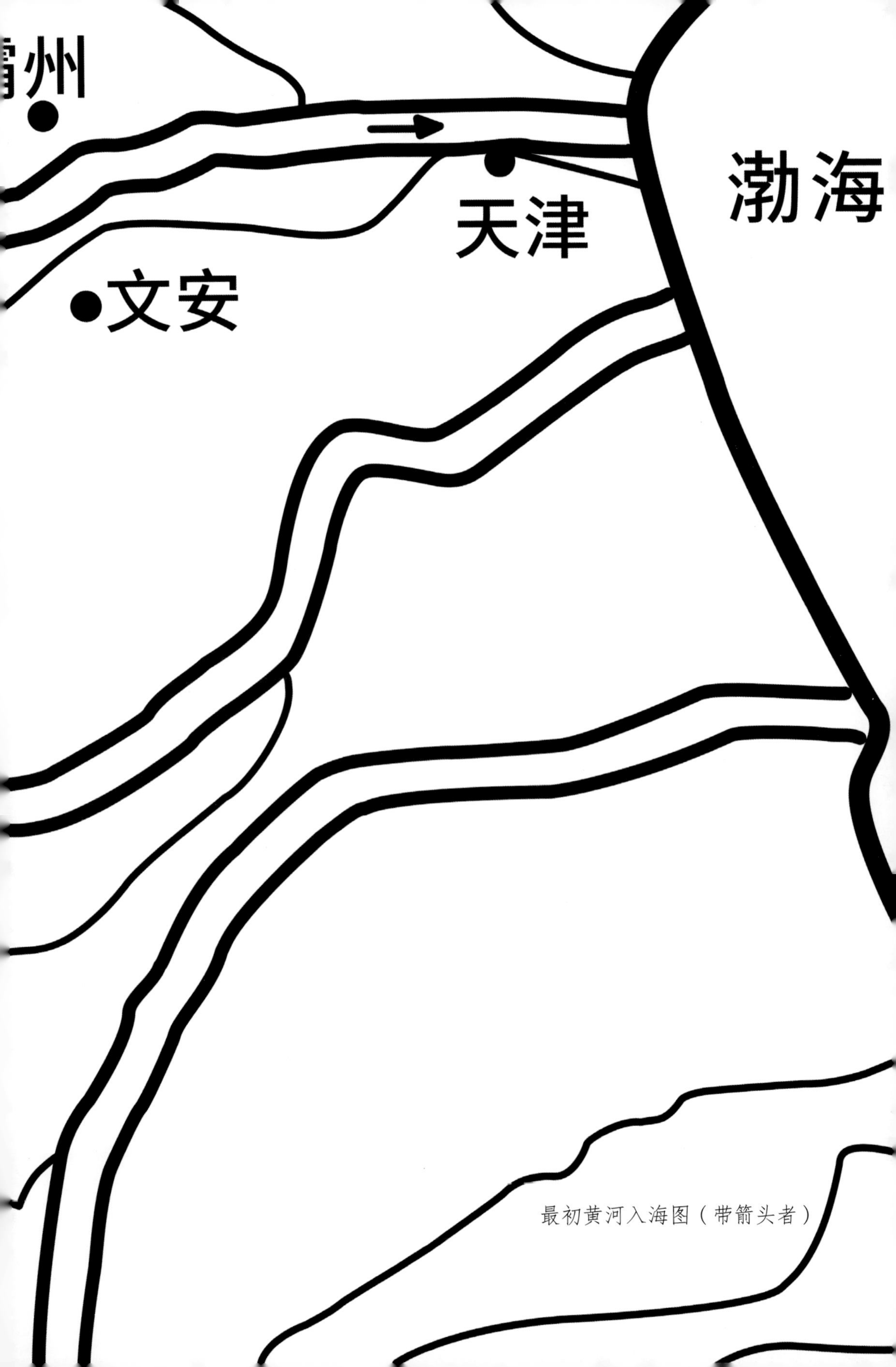

最初黄河入海图（带箭头者）

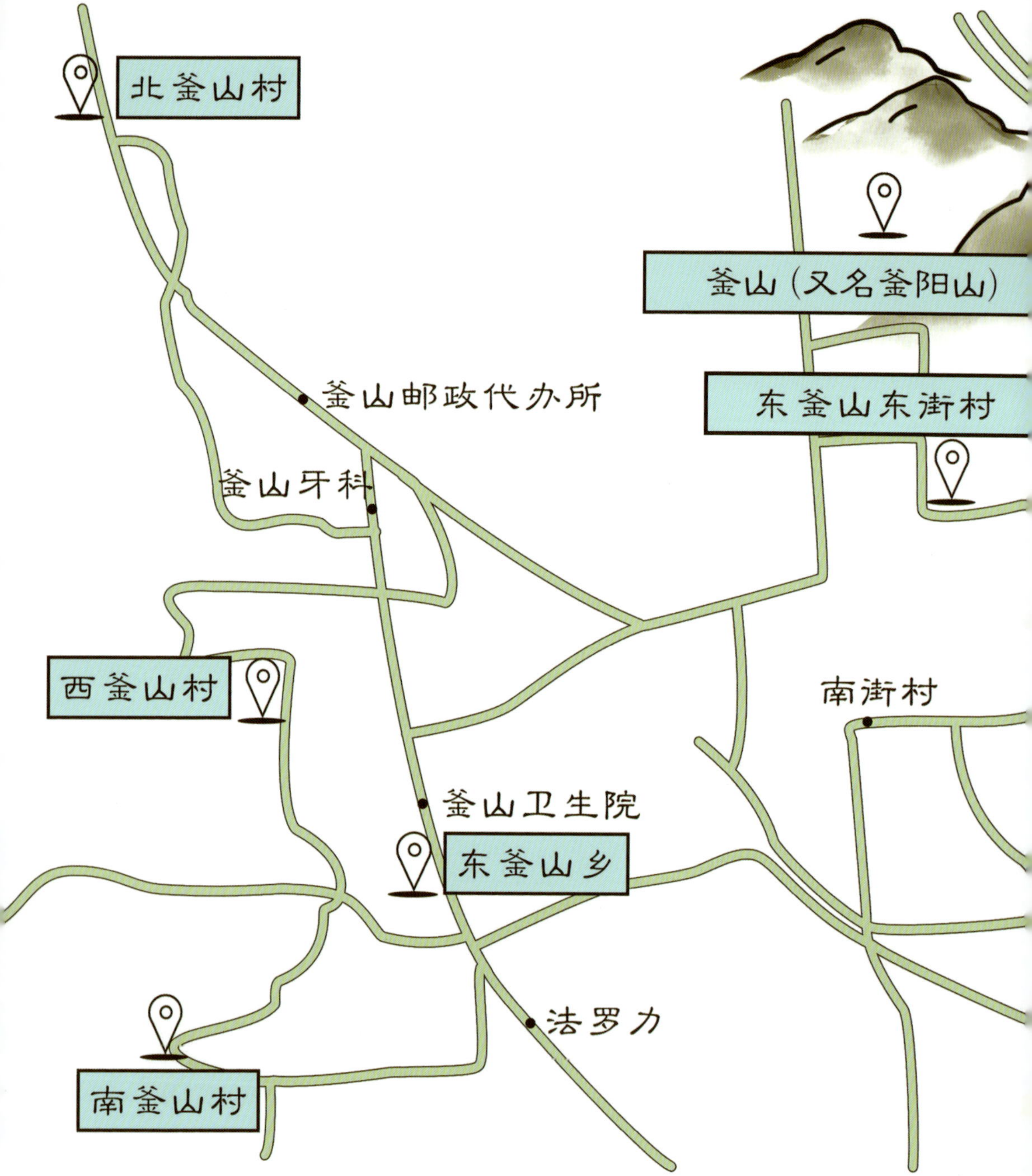
北釜山村
釜山（又名釜阳山）
釜山邮政代办所
东釜山东街村
釜山牙科
西釜山村
南街村
釜山卫生院
东釜山乡
法罗力
南釜山村

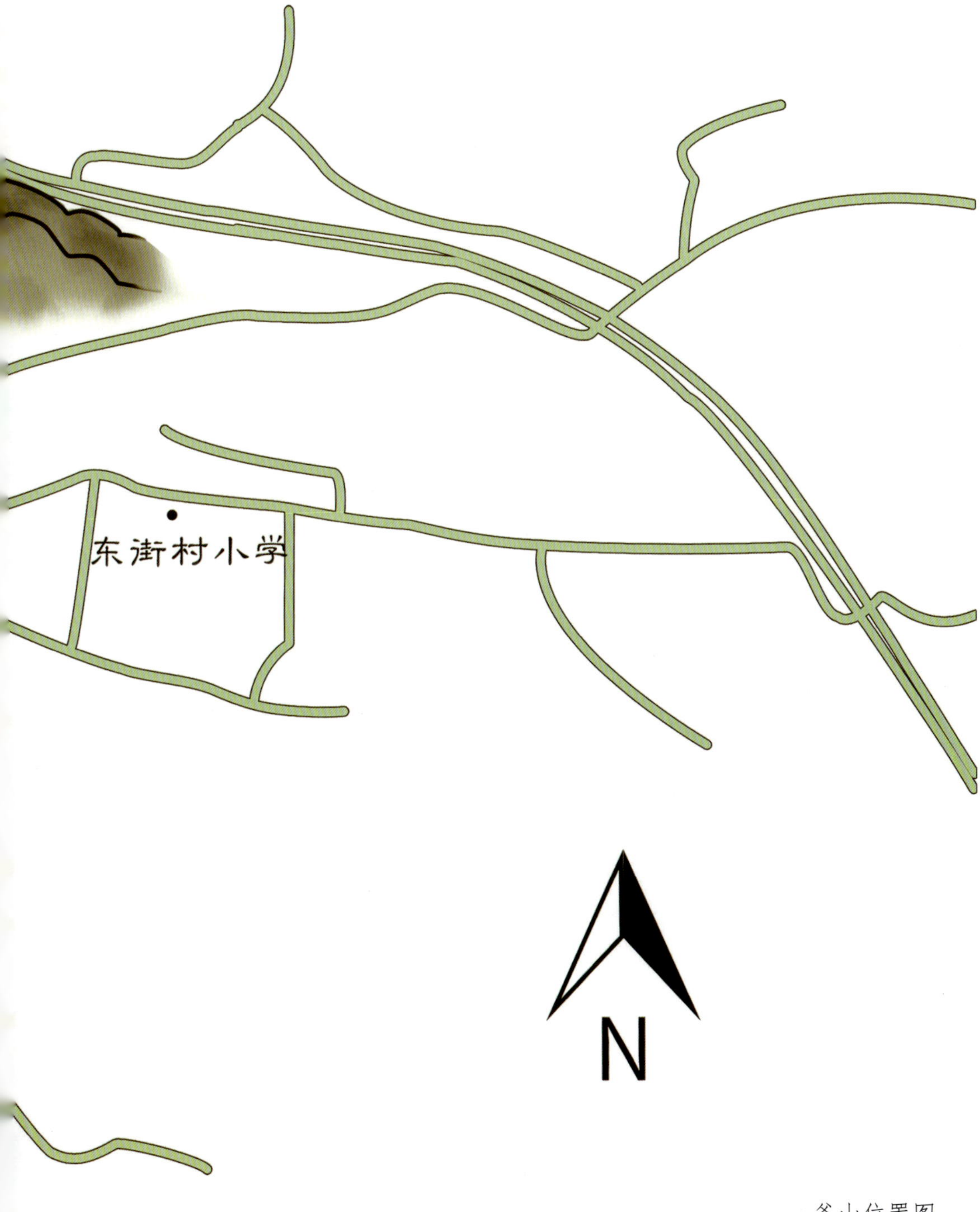

釜山位置图

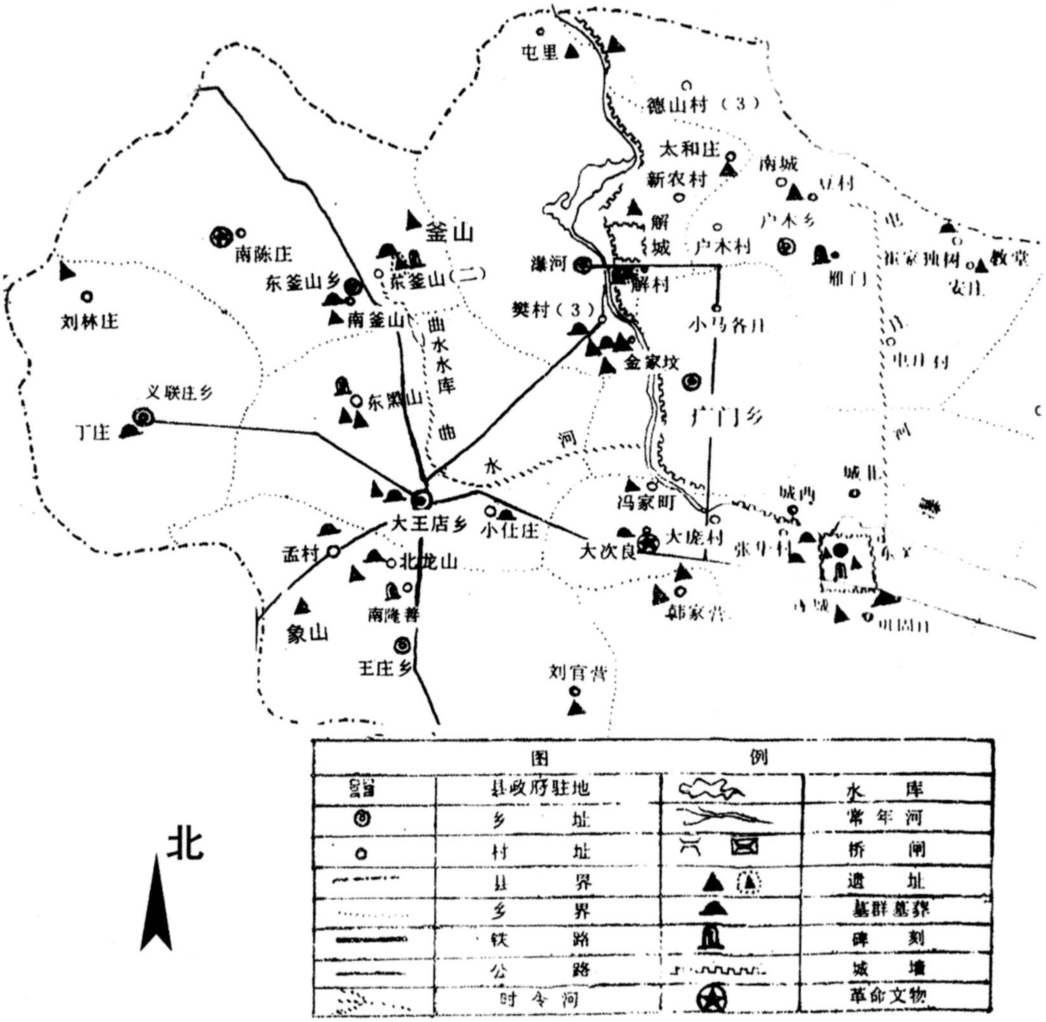

釜山及周边文物遗址分布图

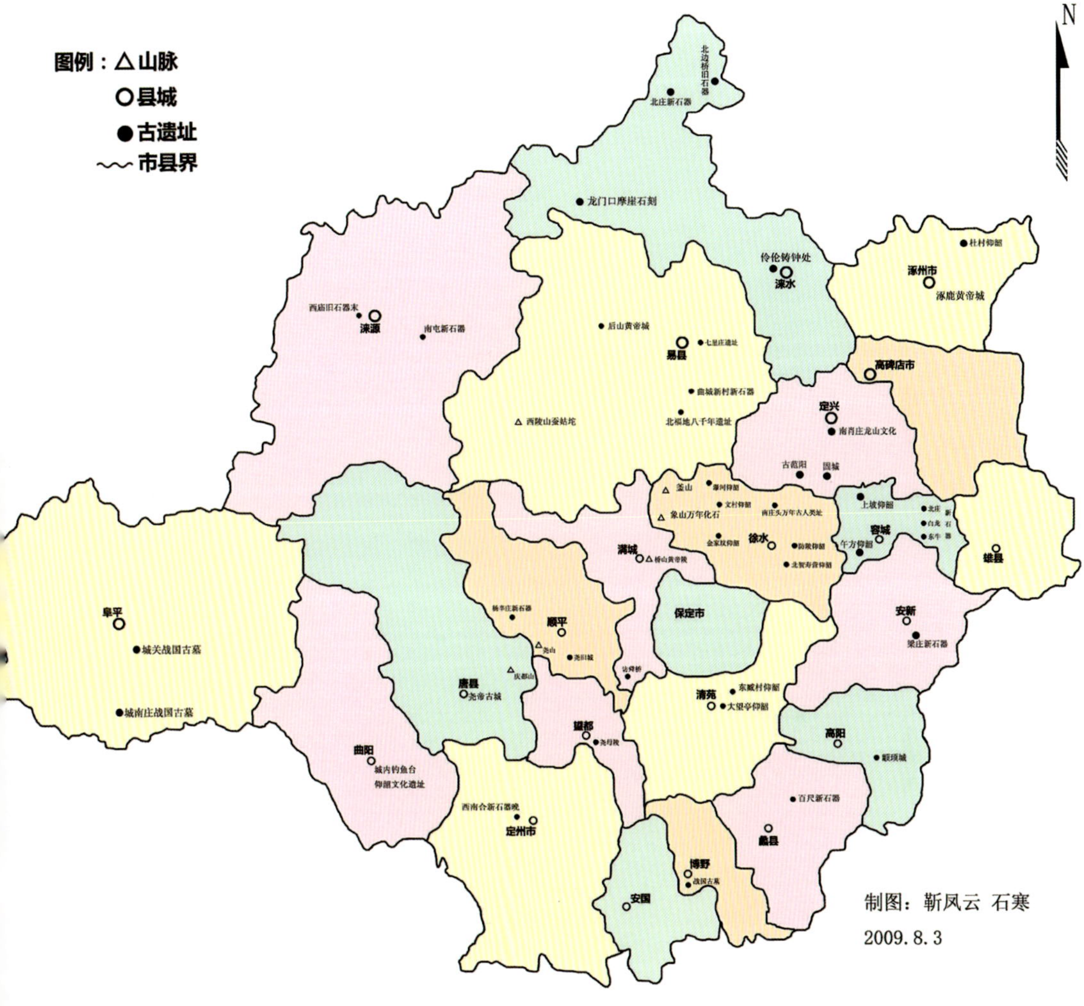

保定地区及雄安新区仰韶文化遗址分布图

【作者简介】

靳凤云

河北保定徐水人。

1954年毕业于河北省保定高级农校，高级农艺师。曾任徐水县（今徐水区）政协第四届至第九届副主席兼科委主任，河北省第六届、第七届政协委员，保定市作家协会会员，《消费大市场报》主编；现为釜山文化研究会研究员。

1984年获河北省先进工作者称号。1987年获河北省科技论文奖。先后在国家及省级刊物发表科技论文40多篇，在《中国旅游纵览》《乡音》《荷花淀》发表文学作品20余篇。出版专著《北国酒都酒文化》《炎黄之始釜山考》《黄帝的传说》《徐水古韵风情》等多部专著，为《中国民间故事全书（河北徐水卷）》撰稿41篇。

杨　赛

河北保定徐水人。

曾留学英国，学成回国后，参与巨力索具、巨力新能源、刘伶醉酒业的经营与管理，其对收藏行业颇有研究，是藏传天珠的藏家，中国老酒圈创始人之一。

现任中国酒业协会理事、中国收藏家协会理事、中国食品工业协会理事、釜山文化研究会研究员、釜阳春酒业董事长。

釜山合符

靳凤云　杨　赛　著

河北大学出版社
·保定·

釜山合符

FUSHAN HEFU

出 版 人：刘相美
责任编辑：李丽华
装帧设计：赵　谦
责任校对：李　易
责任印制：常　凯

图书在版编目（CIP）数据

釜山合符 / 靳凤云，杨赛著. -- 保定：河北大学出版社，2024. 7. -- ISBN 978-7-5666-2429-1

Ⅰ. K872.224

中国国家版本馆CIP数据核字第20242F4Y10号

编　　审：赵蔚华　韩明辉　　编委：杨树江　张海涛　王宁波　刘珊珊
选题策划：汤亚玮　河泰范　　摄影：雷永怀　杨培辉　韩贺清
设　　计：胡梦灿　侯武英

出版发行：河北大学出版社　　地址：河北省保定市七一东路2666号
邮编：071000　　电话：0312-5073019　0312-5073029
邮箱：hbdxcbs818@163.com　　网址：www.hbdxcbs.com
印刷：保定市正大印刷有限公司　　幅面尺寸：170 mm×240 mm
印张：12.25　　字数：127千字
版次：2024年7月第1版　　印次：2024年7月第1次印刷
书号：ISBN 978-7-5666-2429-1
定价：269.8元

序 1　釜山是中华文明的摇篮

中华民族是智慧的伟大民族，中国是世界四大文明古国之一，由于文明起步较早，世界人民称我国为礼仪之邦。中国历史悠久，源远流长，中华文明越万年，华夏古国五千年，釜山合符定中华，这是中国历史的总结，中华文明越万年的历史事实就发生在徐水。徐水区高林村镇南庄头村的古人类遗址，1988 年被国务院公布为全国重点文物保护单位，之所以文物价值之高，在于从挖掘出土的遗物中，经北京大学考古系专家原思训、李伯谦教授的碳-14 测定，此遗址的历史有 10500 年之久，从遗物中分析，从那时起，人类已开始农耕和饲养家禽了，文明之曙光在东方亮起。华夏古国 5000 年，从《史记》中得知，乃指从黄帝元年算起，也就是从黄帝釜山合符开始，黄帝统一华夏中原大地，由万邦林立的方国建立了古国王朝。釜山合符是华夏中原大地一统之始，这个历史上伟大的政治事件也同样发生在徐水釜山。釜山是中国文明之起点，釜山是中国文明之摇篮，釜山是中国文明之故乡，釜山是中国文明之根源，可谓中华文明5000年从釜山走来。徐水的釜山当之无愧是中国的圣山。

我出生在徐水，又在保定市周围诸县工作，对家乡的山山水水，尤其是釜山上的黄帝遗址，从孩童时期就已知晓。釜山上的轩辕黄帝庙，是黄帝九代世孙舜帝为祭祖而建。山上有至今不干的黄帝泉、黄帝合符台等遗址，当地还传颂着几千年的黄帝轶闻故事。釜山周围出土的多处仰韶文化遗物、遗迹，都是黄帝时代的遗证，文物相当丰厚。尤其是我在涿州市任市委书记期间，通过组织挖掘、整理、弘扬涿州古代文化，为当今的经济建设服务，众多的资料和出土文物证明《史记》上说的涿鹿就是现在的涿州，历史上发生的黄帝大战蚩尤就发生在涿州的东南地区。涿州古城墙的西城墙凹陷处就是埋蚩尤头骨的古冢，这更进一步证明黄帝早期就活动在徐水和涿州一带，也就是“初都涿鹿”，后期才南迁河南新郑（古有熊国），最后在灵宝铸鼎乘龙升天。

因多年从政，无暇顾及文史研究，恰1984年调保定市文化局任党政一把手，发掘、整理历史文化为现代经济建设服务，文史研究才成了工作的一部分。2007年，徐水县在运作成立釜山文化研究会，我被该会聘为顾问。在釜山文化学术研讨会上，我与靳凤云老先生相聚，他被聘为釜山文化研究会研究员。这位年逾古稀的靳老兄，人称“徐水通”，已进行了40多年的徐水历史研究，以前曾见他出版的《北国酒都酒文化》和打印成册的《揽胜徐水景更奇》《徐水孟姜女故事集》等著作。这次在釜山文化学术研讨会上，我见到他数十篇以黄帝釜山合符为脉络的研究论文，从黄帝起家、阪泉之战、黄帝大战蚩尤、北逐荤粥（即獯鬻）、合符于釜山而定中华，将中华民族史前文化的真实情况呈现众多专家学者面前。靳凤云老先生做了我几十年想做而未做的事情。靳凤云先生研究历史，是遵循了以当地文物发掘为依据、以史书记载为脉络、以当地的民间传说为佐证的考古研究三大要素而进行的，其考证翔实准确、脉络清晰、步步深入，让世人又见到了历史的本来面目，徐水境内大量仰韶文化和釜山一期文化遗物的出土，展现了黄帝时期人类在徐水地面活动的状况，周围的夏、商、周遗址的遗存和大量汉墓的挖掘，证明徐水周边是古人类密集、经济发达而繁华的地区。司马迁在任史官前曾周游列国，徐水釜山这个地方他是极其熟悉的，《史记》中所述合符这个重大政治事件就发生在这里，徐水釜山是极其重要的地方。他治学严谨，焉能无的放矢？徐水的釜山，从古至今都沿用此名，山下村落又以东、西、南、北四釜山而定村名。釜山合符的釜山即徐水的釜山，《资治通鉴》也明注是武遂之釜山。《炎黄汇典》中《保定府志》亦载，黄帝合符在安肃（徐水旧称）县西 45 里之釜山。

2008 年 9 月 28 日，釜山文化第四次学术研讨会召开，国家文物局原局长张文彬先生，北京大学考古文博学院原院长李伯谦先生及原思训教授，河北省和保定市文物专家学者 40 多人欢聚徐水，釜山文化研究会会长主讲，专家学者细读了靳凤云先生的 37 篇有关黄帝的论文，大家一致认为，靳凤云先生以考古挖掘为依据，对史书记载考证准确，并且以大量的民俗传说为佐证，再现了釜山合符历史的本来面目。大家的一致结论是“徐水的釜山，山有其形、地有其名，史有所载、物有所证、民有所颂，学者认同，黄帝合符釜山在徐水无疑”。

近来，靳凤云先生整理了自己的手稿，准备出一本专辑，定名《釜山合符》，让我给书作序，都是文史爱好者，怎能推辞，就以此浅见短文代序吧！

杨学德①

2009 年 10 月 10 日

① 杨学德，涿州市原市委书记，原保定市文化局局长兼党委书记。

序 2　跨越半个世纪的釜山情结

——靳凤云先生其人其文

靳凤云是一位年逾古稀的老人，他何以能够几十年如一日，孜孜以求、乐此不疲地追寻历史脉络，挖掘历史渊源，研究历史资料，破解历史谜团，还原历史真相?

靳凤云先生祖籍今徐水区西黑山村，姥姥家是釜山村，孩提时代就与釜山结下了不解之缘。炎黄二帝釜山合符的许多传说故事耳濡目染，釜山众多的历史遗迹历历在目，釜山秀丽的山水景致尽收眼底，至今仍记忆犹新，耳熟能详，如数家珍，是因为在幼小的心田里早已深深地植下了根，而这种浓浓的釜山情结和对釜山的拳拳之心，更是日后开展釜山历史文化研究的原始动力和不竭源泉。

早在 20 世纪，靳凤云先生就积极呼吁重视釜山历史文化遗产的研究、开发。退休前，先生任当时徐水县政协副主席。他利用一切机会宣传釜山，弘扬釜山历史文化。退休后，赋闲在家，深居简出，但不甘寂寞，继续发挥余热。靳凤云先生自幼酷爱文史，虚心好学，不耻下问，凡外出旅游，必俯察仰观，感情投入得真像个孩子，每每看到感兴趣的文史书籍更是不惜重金购买。他自称“历史人文古迹漫游的宠儿，对华夏山山水水、人文古迹的钟爱仅次于饭水”。先生对徐水的山山水水相当熟悉，尤其对釜山了如指掌、情有独钟，几近痴迷的程度。情至深处必痴，张中行先生说：“一个人唯其有癖，才更可以显示其人的率真，甚至超常。”研究任何一门学问，只有做到兴之所至，才能有所发现，有所发明，有所创造，有所成就。

1978 年农历正月初六到姥姥家串亲戚，吃罢午饭，靳凤云先生拉着当时已是村支书的表兄一起上山。当爬到釜山石龙身下的东山洞时，发现洞壁四周满是刻痕，一下子就被扑面而来的远古气息迷住了。他急忙掏出随身携带的纸和笔，专注地描摹起来。一同来的表兄大不以为然，还认为是村民们乘凉休息时在石头上乱划乱刻的呢。经过仔细观察，靳凤云先生一边描摹，一边解释，说这些刻痕起笔收笔刻痕浅、中间刻痕深，这因为人们的刻写习惯所致。中间用力，刻痕就深，而两头用劲小，刻痕自然就浅。表兄没什么高深文化，但听了这一番道理，确信表弟说的还真是那么回事。这次，靳凤云先生共描摹收集了 100 多个古怪的“符号”，从直观看，比甲骨文还要古老，时至 30 多年后的今天仍无人能够完全解读它。随后，又在山坡上发现了一块天然奇石。此石“奇”就奇在图案天然，竟然是一张天然《釜山地形图》——有釜山及周边山脉的位置，还有附近瀑河的流向等，惟妙惟肖，出神入化，叹为观止。此外，他还发现了有关田园耕作的《田畦图》，立即一一仔细描摹下来。

靳凤云先生有着丰厚的文学、历史等文化知识的修养积淀，见多识广，长于钻研、吸纳、通变、解化之功，成就有分量的文稿便是情理之中的事。他在占有大量翔实历史资料的基础上，以“老骥伏枥，志在千里”的坚定信念，以只争朝夕的紧迫感，聚精会神地思索，反反复复地查阅，苦心孤诣地引证，夜以继日地整理，不厌其烦地修改，其良苦用心是可以想见的。他在勤于动脑的同时，亦勤于动笔，多年来笔耕不辍，作品曾在《荷花淀》《乡音》《旅游纵览》《中国乡镇企业》《科技与效益》《保定政协》《中国食品报》《河北经济文学报》等报纸杂志上发表。他撰写的《北国酒都酒文化》和《揽胜徐水景更奇》两本书，便是先生学识、阅历、修养、情操及人格魅力的展示。他还积极为《徐水文史资料》《归来兮，白塔》《徐水民间故事选集》等多部书撰稿，并且献计献策予以支持。他撰写的有关考证釜山的文稿，受到当时县领导的高度重视，在《今日徐水》第二版头条位置以“釜山文化系列研究资料”的形式连载后，受到党政干部和群众的普遍关注，产生了良好的宣传效果和积极的社会影响。他的联系方式还被《2009 年徐水通信大全》收录。

靳凤云先生撰写的文稿有一个特点，就是表述专一，即一篇文章只表达一个内容、阐述一个观点、突出一个中心。只求把一件事情、一个道理说深论透，决不贪多求全，顾此失彼，前后矛盾。凡表述史实，均引经据典，有着确凿的出处；凡论述观点，均占有大量材料，不仅仅满足于自圆其说，更注重向深层次的开掘，经得住推敲和考证。仅本书中的 12 篇文稿，他就参考书目达 40 余种。

“文如其人”，靳凤云先生治学严谨，一丝不苟，行文同为人，好古敏求，实事求是，一步一个脚印，一环紧扣一环。当今为文浮躁之风日盛，不少人对自己东摘西凑、删减整合的“论文”津津乐道、沾沾自喜，颇有“成就感”。而靳风云先生研究徐水釜山历史文化坚定而执着，几十年孜孜以求、默默耕耘，不问收获，心如止水，处变不惊，始终传承着文史工作者行己有耻的美德和求真务实的风范，是当今社会各界尤其是学术界值得推崇的楷模，是年轻学子的榜样。

感此，作题为“赠靳风云先生”的一首七律——是提炼，是写真，是肯定，亦是钦佩，赘于篇末，作为结语，聊表寸心，兼示情怀。

春去秋来已成翁，独立书斋啸晚风。
考证合符功精湛，攀爬釜山意纵横。
半百光阴溯历史，古稀岁月寓豪情。
老当益壮多建树，乐此不疲自从容。

釜山文化研究会副会长　杨树江

2024 年 6 月

前　　言

黄河文化上万年，炎黄春秋 8000 年，华夏文明 5000 年，釜山合符统河山。

《釜山合符》以翔实的资料为基础，条分缕析，溯本求源，图文并茂地确认了徐水釜山是“黄帝合符”的釜山，从学术论证、文化遗址及民俗传说的角度论述了山有其形、地有其名，史有所载、物有所证、民有所颂，华夏民族大一统的政治事件“釜山合符”就发生在今天的徐水釜山。

釜山合符是中华大一统的开端，标志着一个融合中华民族远古各部族先民智慧的文化积淀已经形成，是珍贵的历史文化遗产。作为一个重大的历史事件，它开辟了中国历史的新纪元。釜山合符值得全民族永久纪念和传承，而在弘扬中华文化、构建和谐社会的今天，研究和探讨“釜山合符”文化有着一定的普世意义。

目　　录

徐水的历史沿革

一、徐水地形地貌简介

徐水位于太行山东麓、河北省中部，京、津、保三角地带，隶属河北省保定市，于 2015 年 4 月 28 日由徐水县撤县设区而成。地处北纬 38°52′—39°09′、东经 115°19′—115°46′，西倚大行山脉，与易县、满城区接壤，东与白洋淀、安新县、容城县毗邻，北与定兴县、易县接壤，南与保定市相连。地势西高东低，西部为浅丘陵地，中东部皆为平原，全区东西长 37.7 千米、南北宽 22.8 千米，总面积 723 平方千米，下辖 4 乡 10 镇、1 个城区办事处、1 个开发区管委会、298 个行政村、22 个社区。境内以汉族为主，有回、满、壮、蒙等少数民族。根据第七次全国人口普查数据，截至 2020 年 11 月 1 日零时，徐水区常住人口 604275 人。境内有瀑河、萍河，从西向东流入白洋淀。交通发达，有京广、京九、津保高速铁路穿境而过，并且伴有京深、京昆、荣乌、津保 4 条高速公路和 107 国道，区内各乡村公路成网，四通八达，具有得天独厚的地理区位优势。

二、历史沿革

据《保定府志》《徐水县志》记载，约在公元前 26 世纪初，轩辕黄帝诛蚩尤于涿鹿，会诸侯合符于釜山。《资治通鉴》亦注明为武遂之釜山，即徐水之釜山，又名釜阳山。追颛顼考察九州，徐水属冀州。唐尧命和叔掌管北方，属朔方保州。据《读史方舆纪要》记述，保州北境即徐水地界。虞舜时分天下十二州，冀州东北为幽州，徐水在幽州境内。武王克殷，封召公奭于蓟，建燕国，随后在燕南建城，取名武遂，即今徐水之遂城。春秋时期，周景王（前 544—前 520 年）遣大将徐陵屯兵于武遂东，筑城备边，所建徐水东的徐城即今之徐城村。战国中期，燕南之徐水曾被划入原桑邱古邑，治所在徐水南空城。后群雄割据，战事频仍，徐水地本在燕南陲。公元前 244 年，赵大将李牧伐燕取武遂，徐水变为赵的领地。公元前 222 年，秦灭燕，划天下为三十六郡，徐水属上谷郡。西汉始置县，将武遂邑改北新城县，治所在遂城，隶属中山国。汉高祖十二年（前 195 年），立子建为燕王，复置遂郡，领县二十有九，徐水为其一。汉武帝元朔五年（前 124 年），在北新城县境同时封樊与侯国、桑邱侯国，立中山靖王子刘修为樊与节侯，樊与地处今徐水。汉宣帝元康四年（前 62 年），桑邱侯国除。汉成帝鸿嘉元年（前 20 年），封东平思王子为桑邱侯，治所在徐水南空城。东汉时，为北新城县，将樊与并入北新城县，属幽州涿郡。三国时，北新城县属河间郡。晋时，北新城县属冀州高阳国。北魏、北齐、北周时，将北新城县去北字为新城县。北魏永熙二年（533 年），置辽东营州新昌县，因营州失陷，乃迁营州于遂城。隋开皇十八年（598 年），改新昌为遂城县。唐高祖武德四年（621 年），改郡为州，遂城县属易州管辖。五代时（907—960 年），我国北方中原地区曾先后建立后梁、后唐、后晋、后汉、后周五个政权，梁屡侵唐，唐王命大将李存审为内外藩，以拒梁，并且在遂城东 10 千米的夹瀑河筑南北二城，北城建在今徐水城，此为徐水城始建。后唐在此置宥戎镇，后周置梁门口寨，此后历代均在此立县。五代时期，遂城县曾属易州。北宋时，梁门口寨、遂城均为宋辽分界处。为加强边防，宋以军治县，以梁门口寨置静戎军，后改安肃军，后又军改县，称安肃县，古时称安肃县即始于此时。同时，改遂城县为威虏军，后改为广信军。1129 年，金代改宋时的安肃军为徐州，改广信军为遂州。1151 年，又改徐州为安肃州。1154 年，改遂州为龙山郡。1204 年，降龙山郡为遂城县。1214 年，又复置遂州。元朝至元二年（1265 年），遂州并入安肃州，降为镇。明洪武二年（1369 年），降安肃州为县。清朝自顺治至宣统末年（1644—1911 年），称安肃县。中华民国三年（1914 年），因与甘肃省的安肃道重名，又县内有徐河，遂将安肃县改为徐水县。

1937 年，徐水县城沦陷，为日军占领区。1948 年 7 月 20 日，徐水县城解放。同年 8 月，徐水县人民民主政府从西黑山村迁至县城。1958 年 9 月 21 日，容城、安新两县及定兴县南部 29 个村并入徐水县。1962 年 3 月 27 日，徐水县恢复原建制。2015 年 4 月 28 日，国务院同意撤销徐水县，设立徐水区。

徐水历史悠久，黄河故道穿境而过。在古黄河北岸今高林村镇北面南庄头村发现了早于磁山文化的新石器时代古人类住所遗迹，经国家、省、市、县四级联合考古挖掘，早于磁山文化的遗址有46处，被定为国保单位2处、省保单位5处。众多遗址和口头流传的民间传说，显示了徐水古文化底蕴的深厚。徐水不仅拥有大量的物质文化遗产，还拥有众多珍贵的非物质文化遗产。

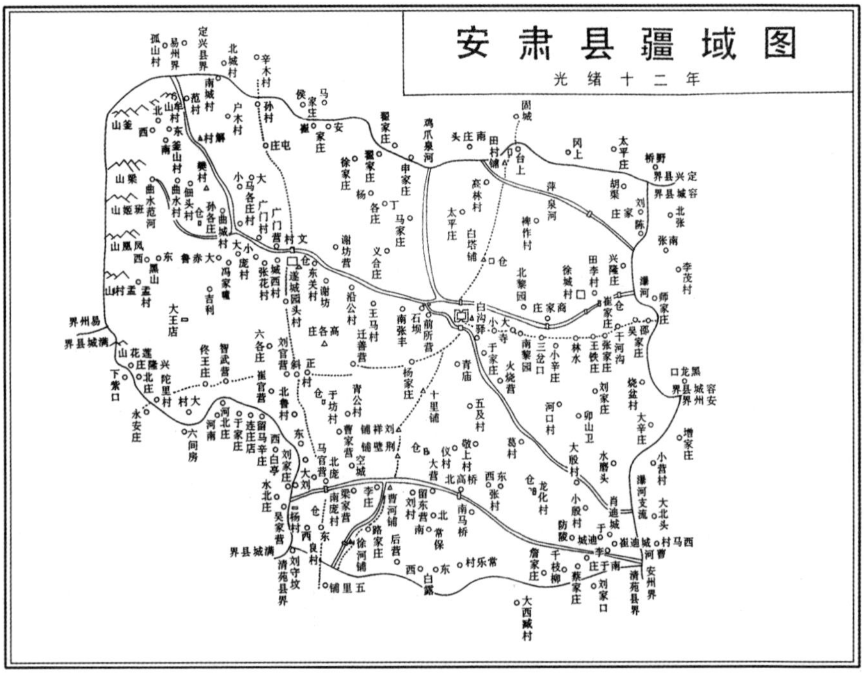

安肃县疆域图

黄帝合符在徐水釜山

——徐水釜山研究会研究成果

据《史记》记载，黄帝曾“合符釜山”。黄帝与诸部族汇聚釜山，统一符契、共结同盟，结束了黄河中下游流域各部族的分裂局面。

“釜山合符”开创了中国历史的新纪元，标志着中华民族的雏形初现，是中国历史上具有划时代意义的重要里程碑，“釜山”也因此成为中华5000年文明的奠基之地、中华大一统的开端之所和中华民族的发祥之源。

然而，黄帝合符的“釜山”究竟在哪里？为探索这一历史之谜，几年来，河北徐水釜山文化研究会围绕“合符”，追寻历史脉络，考证文物遗迹，探究合符规律，从山形、地名、史志记载、遗迹证物、民间传诵、黄河故道、史无断代、古庙发掘、崖刻文字，以及以釜山为中心的大文化圈进行了翔实考证，揭开了徐水釜山乃黄帝“合符”之地的神秘面纱。

山有其形

徐水釜山，因山形酷似一口倒扣的大锅而得名。釜山山腰呈弧形，山顶突兀处就像民间铸造大锅时遗留下的锅底铸痕，整座山体酷似覆釜，远远看去疑为天造。

釜山位于徐水区主城区西北约 22.5 千米处，为河北平原与太行山余脉过渡区域。山形酷似卧龟，四爪抓地，头部微抬朝南，尾部短小。整个山体呈西北—东南走向，西、北、南三面山势较陡，东坡较缓，海拔 290 米，占地面积约 2 平方千米。

中国圣山——釜山

地有其名

徐水釜山，以物理形胜命名，可上溯到《史记》记载以前，是延续中华民族历史的“地标”。在釜山周边考古发掘上古文化遗址多处，说明距今约10000年前，当地已有人类活动。

《辞海》述：“釜山，古山名。徐水釜山，山名，山脚下村名皆为釜山。”

釜山村分东釜山、西釜山、南釜山、北釜山四个自然村。东釜山为乡政府驻地。全乡约1.4万人。

釜山周边一些与黄帝合符有关的村名隐现着历史的投影。

釜山村南5千米处系大王店村，据现存的碑刻记载，该村古称釜阳镇，以釜山之南为阳命名。

北合庄村位于釜山西北1.5千米处，村南有北合台遗址，乃炎、黄二帝握手言和之处，该村因此得名。

解村位于釜山东约3千米、蚩尤坟东南1.5千米处，为古时黄帝擒杀蚩尤行肢解刑处，故名解村。

樊村位于釜山东南约4千米处，古时为黄帝外围屯兵的营地，初为蕃篱（藩篱）墙，村名蕃村，后改称樊村。

大、小牟山二村原在釜山东2.5千米处，居蚩尤坟两侧。蚩尤坟在当地又称红土山，经文物专家考证，为人工堆积而成，山顶原建有蚩尤庙。牛为蚩尤部族的图腾，哞为牛叫声，后演变成“牟”。1958年修建瀑河水库时，将二村迁出。

史有所载

徐水釜山是黄帝“合符”之地，许多史志、碑刻、诗文等都有明确记载。

《史记·五帝本纪》载，黄帝曾“北逐荤粥，合符釜山”。

《资治通鉴》注：“黄帝合符釜山为武遂（徐水遂城旧称）之釜山。”

《历代通鉴纂要》（《炎黄汇典·方志卷》）：“釜山在安肃县（徐水旧称安肃）。”

《辞海》：“合符台在徐水西。”

［清光绪七年（1881 年）］《保定府志》（卷十八）：“釜山在安肃县，黄帝朝诸侯合符于釜山，即此。”

《名胜志》：“釜山在安肃县西四十里。”

徐水旧称安肃，据清嘉庆十三年（1808 年）《安肃县志》（卷九）：“釜山合符，在县西四十五里，状类釜，黄帝朝诸侯合符于此，今为八景之一。”

《徐水县新志》（卷十）：“轩辕氏巡方问俗，登釜山会诸侯，合符示信徐水西。釜山顶上有黄帝台，遗迹犹存。”

《炎黄汇典》记载清朝文人王余佑文：“釜山，黄帝会诸侯合符之所，万古胜迹，不可不临眺。”

清朝诗人魏士为徐水釜山赋诗：“合符事远矣，石泉水自深。试尝淡泊味，犹见古皇心。”

《安肃县志》载釜山合符图

物有所证

徐水釜山多处遗迹及46处文化遗存和釜山山顶挖掘的残碑是黄帝合符于徐水的有力佐证。

釜山上遗迹众多，有轩辕黄帝庙基址、围墙基址及黄帝台、黄帝泉、古井，或兀立或仆倒或叠压的古碑处处可见。北京大学震旦古代文明研究中心原主任、北京大学考古文博学院原院长李伯谦教授登临釜山山顶时感慨地说："釜山有这么多的历史文化遗迹，罕见且极具保护价值。"

釜山周边出土了前仰韶文化、仰韶文化、龙山文化和夏家店文化诸多遗址。其中，仰韶文化遗址包括文村遗址、金家坟遗址、防陵遗址、北贺寿营遗址、瀑河仰韶文化晚期（雪山一期）遗址等，达46处之多，距今有5000年的历史，大致相当于黄帝时期。

汉代画像石刻在河北、河南、山东、江苏的北部及陕北被发现，其他省份发现不多。河北目前仅在徐水釜山和满城区的北部发现了多处汉代画像石刻，其他地区尚未发现，表明了这个区域文化的独特性。釜山及周边出土的汉代墓葬及墓葬画像石，数量多，品位高，内涵极为丰富。我们可以想见汉代釜山的繁荣富庶，也足见2000多年前司马迁撰写《史记》时，釜山周边已有大量居民在此繁衍生息，釜山之名已经确切存在。

2008年9月至10月，河北省文物研究所考古队对釜山山顶古庙进行发掘，在清理庙基时，从1米以下的乱石中发现了一块残碑，可辨文字为“黄帝时诸侯合符即（此）……最著龙之先……”据考证，龙姓为釜山大户，乾隆十三年（1748 年）建庙时所需费用主要由龙姓大户筹集。20 多年前，釜山周边王坎庄曾出土雕刻着青龙图形的汉墓画像石门。书龙的残碑和刻龙的墓门为研究龙文化提供了图文实物资料。

民有所诵

徐水釜山及周边有关黄帝的神话故事和民间传说是中华 5000 年文明史的文化积淀和内涵所在。与地名一样，这些古老传说隐现着历史的投影。

一直以来，流传千年的各种神话传说在学术研究中颇有争议。事实上，中华文明起源之初，同其他民族一样，都有自己的神话时代、传说时代，因为当时没有文字记载，只能一代一代口口相传。釜山及周边地区至今流传着的大量有关黄帝的神话故事和民间传说，如炎黄二帝战阪泉、釜山画龙合符说、釜山源头宴诸侯、西陵蚕姑织锦绸、除夕摆龙灯等。原徐水县政协副主席靳凤云编著的《揽胜徐水景更奇》和徐水区大王店乡贤杨忠林编著的《釜阳及周边逸闻录》对此均有大量篇目收录。

徐水釜山周边的许多村庄至今活跃着被当地称为“釜山古乐会”的民间音乐团社。这些民俗音乐的乐风古朴，曲目乐谱丰富，具有很高的原始古乐学术研究价值。在保定范围内，除徐水外，古乐文化还广泛波及涞水、易县、高碑店、涿州、定兴、满城、安新等 10

多个县区。釜山古乐已绵延几千年，相传源于黄帝时期。

此外，釜山村还保留着一些祭祀黄帝的民俗活动，诸如每年农历三月初一的釜山黄帝庙会，祭祀活动就在釜山举行。

史无断代

徐水历史无断代，证实了合符釜山历史文脉的延续和传承。

徐水区地处中华文明的腹地——中华民族文明发祥地的黄河中下游，釜山周边多处挖掘显露的史无断代的遗址，展现了华夏文明发展历程的一幅完整历史画卷。

徐水区南庄头遗址，从古人类遗物年代考之，距今 10000 年左右。釜山周边出土的前仰韶文化、仰韶文化、龙山文化和夏家店文化诸多遗址，展示着一个从炎黄时代直至夏、商、周、春秋、战国长达数千年的人类历史演进过程。

北京市文物研究所考古队对南水北调工程所穿越的南、北釜山墓地进行抢救性发掘时，出土的随葬器物彰显着包括汉、唐、宋辽、明清四个主要时期的历史风貌，时光跨越 2000 年，说明该地区是先民活动的重要区域。

1987 年 7 月 16 日，全国著名考古学家、北京大学邹衡教授和李仰松教授对徐水文物进行考察后予以高度评价："徐水文物普查发现的遗址，不仅数量多、质量高，而且在时代上没有大的缺环。它解决了学术界长期没有解决的疑难问题，并且提出了一些新的学术课题。"

毕业于中山大学人类学系的河北省文物研究所研究员贾金标先生，多年来几乎全程参与徐水重大考古挖掘工作，他的结论：“徐水是我们中华文明发祥地之一。”

黄河故道

黄河在徐水釜山脚下拐弯，与推论黄帝“合符”之地不谋而合。

经考古文物部门多年考察论证，初步认为“釜山合符”是一种黄河文化现象，黄帝在釜山奠定了华夏民族融合的基础。

黄河是中华民族的母亲河，黄帝率众部落沿黄河流域北上，逐水草而居。研究黄帝“合符釜山”必须以黄河为基础，如果脱离了黄河去探究、追寻“合符釜山”究竟在哪里，就等于否定了黄帝在黄河中下游流域开创中华民族文明的历史事实。简言之，黄河是试金石，任何失去以黄河为依托的研究都是毫无价值的。

1975 年，历史地理学家谭其骧先生在《山海经》中找出了一条径流凿凿可据的黄河故道——“山经河”。山经河的径流图显示了黄河出孟津小浪底沿太行山东麓折向东北，途经安阳、邯郸，经深州、高阳，在徐水境内釜山脚下折了一个近乎 90°的急转弯，掉头东去，经安新、霸州流至天津北汇入渤海。

从相关地质材料来看，史前年代，黄河水带着大量的泥沙奔腾而下，河北平原已基本冲积而成，但黄河水还是不停地呈放射状摇摆泛滥。太行山东麓平原上原有许多大峡谷，即黄河故道，徐水区一带就是大峡谷的一部分，从釜山周边挖掘出土的二三十万年前的古菱齿象象牙化石长约 4 米。

1985—1986 年的文物普查工作证实，各个时期的文化遗址几乎遍布徐水釜山周边，即黄河故道沿岸。例如，距今 10000 年的南庄头遗址，出土了陶片、石器、骨器及大量的动物骨骼；距今 8000 年前的北福地遗址为史前村落遗址，出土了玉器、石器、陶器等重要遗物……源远流长的众多遗址和史无断代的历史文脉，辉映着釜山周边黄河故道的远古文明。

古庙沧桑

黄帝庙址发掘出土的 3500 年前的绳纹陶片、历代建筑构建及史书、碑刻记载，成为黄帝合符于徐水釜山的有力证据。

黄帝庙遗址位于徐水釜山之巅，相传舜帝为纪念黄帝而建。该庙因人为、雷击、山火、战争等，屡建屡毁达 10 余次，可谓历尽沧桑。

据旧县志记载，“釜山顶明嘉靖二十五年（1546 年）崔志道等重修有碑记”。据釜山顶明清时的一些残碑碑文记载，明崇祯十三年（1640 年）重修过一次，清雍正十二年（1734 年）遭焚毁，清乾隆十年（1745 年）再遭山火夷为瓦砾，清乾隆十三年（1748 年）重建，清光绪四年（1878 年）又毁，清光绪二十六年（1900 年）再度焚毁。据当地的老年人讲，抗日战争期间，釜山山顶的石碑曾遭日寇炮轰，炸成断碑残石。

2008 年 9 月 20 日至 10 月 15 日，河北省文物研究所考古队对釜山山顶古庙遗址进行了考古发掘，出土了“重修泰山行宫”和“重修圣母庙碑记”的碑额。据《保定市徐水县釜山圣母庙遗址“古庙”考古试掘工作报告》记述，“这次发掘圣母庙遗址年代为明清时期，不仅在顶层院落填土中发现唐代黄釉瓷钵残片、金元时期白底黑花瓷片，还挖掘出先商时代的绳纹陶片（距今 3500 年）”。挖掘出土的汉、唐、宋、元、明、清各个朝代的古庙建筑构件，是釜山黄帝庙屡建屡毁、历尽沧桑的实物证据。

崖刻谜团

釜山崖刻古文字与黄帝“合符釜山”年代相符。

1978 年，靳凤云在釜山崖洞发现了 109 个古文字。经专家推测，均为上古黄帝时期人类留下的符号，至今无人能破译。虽然还难以捉摸崖刻的含义，但可推断釜山崖刻早于象形文字及甲骨文，而从崖刻内容丰富的程度可见上古先民对大自然变化强大的观察力和想象力。

经研究发现，将釜山崖刻与史前出土的刻划符号相对照有相同之处，与早期青铜器上的刻划符号相对照也有相同之处，说明釜山的摩崖石刻不仅继承了仰韶文化新石器时代的特点，同时还发展到青铜器时期，其传承是不间断的，有头有尾。这些刻划符号的上限是公元前 5000 多年，下限是先商时期，釜山崖刻古文字刻画的年代大致相当于黄帝合符时期。

在釜山发现的 5000 年前的古文字与黄帝合符釜山相吻合绝不是

历史的巧合，如果古文字今天能被破译，这很可能就是黄帝合符于徐水釜山最重要的证据。

大文化圈

以釜山为核心、以黄帝家族为主线的大文化圈，使黄帝合符于徐水釜山更加明朗化。

黄帝合符文化不是孤立的文化现象，底蕴丰厚的釜山合符文化有着广阔的横向和纵向的文化伸展空间，仅在保定范围内就已形成了“大釜山文化圈”，呈现了博大精深的黄帝系列文化格局。简言之，中华民族的源头文化发生在以釜山为中心的保定范围内。

研究证实，在今保定范围内，5000 年前曾形成了以徐水釜山为中心的向周边放射百里的中华古文明大文化圈。这个大文化圈分三个文化链条，一是涿鹿文化（涿州）、古乐文化（涞水）、后山文化（易县），二是嫘祖文化（易县）、桥山文化（满城）、唐尧文化（顺平、唐县、望都），三是龙图腾文化（徐水）、颛顼文化（高阳）……以五帝活动为主的大文化圈，为创立中华多民族文化的同根、同种、同宗、同脉的民族体系奠定了坚实基础。以《史记》“合符釜山”为依、以大文化圈为据的模糊历史影像投射，足以佐证黄帝合符于徐水釜山这一历史事实。

“炎黄文明五千载，釜山合符定中华。”作为一个重大的历史事件，釜山合符值得全民族永久纪念和传承。釜山合符开创了中国历史的新纪元，中华文明 5000 年从徐水釜山走来！

徐水釜山山名之由来

——釜山又名釜阳山

徐水位于河北省中部，地处北纬 38°52′40″—39°09′50″、东经 115°19′06″—115°46′56″，釜山则在徐水主城区西 22.5 千米的东釜山村正北。因其山形如倒扣着的一口大锅而得名，当地俗称锅顶山。山场面积 2 平方千米，海拔 290 米，其南、西、北三面山势陡峭，东面稍有缓坡，是太行山前一座突兀的孤山。釜山是西扼太行、东控华北平原鬼斧神雕天然形成的巨大瞭望台，山前一马平川，是古代养伍阅兵的首选场地。山上及其周围上古时遗留了众多名胜古迹，山顶有轩辕黄帝庙，碑林耸立，半山腰黄帝会诸侯的合符台犹存，山场内黄帝时的储粮养兵洞窟多达 21 处。釜山曾是华夏开创统一大业的人文始祖黄帝的大本营。山下有东、西、南、北四釜山村庄。自古釜山周围人烟稠密，自 5000 年前，人们就在这里繁衍生息，其名山名人给我们留下了内涵丰厚的历史文化底蕴，中华民族 5000 多年的文明从黄帝釜山合符拉开了序幕，创造了辉煌灿烂的物质文明和精神文明，谱写了中华 5000 多年华丽的文明历史乐章。

釜山因是轩辕黄帝合符之地而遐迩神州。从战国时期的《山海经》中得知，其中的《北山经》《海外西经》及《大荒西经》中都明确指出轩辕山、轩辕国、轩辕台皆指此一处，所以从战国及西汉初期以前统称黄帝合符之地的釜山为轩辕山。《山海经》中所指的轩辕山是否就是釜山呢？这还得从1975年历史地理学家谭其骧先生对《山海经》的地图考证说起。谭先生的《山海经》地图考证《北次三经路线图》中标明了“轩辕山在保定瀑河南岸”，恰与徐水釜山的地理位置相吻合，所以可以肯定《山海经》中的轩辕山即今天的釜山。为什么后来又改叫釜山？因为其山形酷似一口倒扣的大锅，锅即釜也，当地居民叫釜山，山下四村皆以东、西、南、北釜山为村名。当西汉杰出的史学家、文学家、思想家司马迁撰写《史记》时，是以当时当地人们都熟悉的实际地名记载黄帝合符的重大政治事件，即《史记·五帝本纪》中的“北逐荤粥，合符釜山”。司马迁先生为什么对釜山这么熟悉呢？还得从以下三方面加以说明：

其一，《中国历代文化名人珍闻录·司马迁忍辱负重著〈史记〉》记述“司马迁的父亲司马谈是西汉史学家，学问渊博，其祖先是周朝史官，家藏古籍颇丰。司马迁从小受父亲的熏陶，博览群书，十分了解西汉以前的历史，像‘黄帝合符一统华夏’‘尧天舜日和谐盛世’‘禹王治水’等重大事件必然熟研其详”。他写的《史记·五帝本纪》中“釜山合符”之地是确切存在且为人们所熟悉的地名。

其二，《上下五千年·司马迁写〈史记〉》介绍“司马迁在接替其父续写《史记》前，从20岁开始，为搜集史料，开阔眼界，就游历了祖国各地，对名山大川城郭村邑各个历史时期发生的政治、军事重大事件做了实地考察”。釜山乃黄帝建立古国王朝之始的合符圣地，司马迁先生焉能不光顾乎。

其三，从釜山周围 10 千米内国家、省、市、县四级联合考古挖掘中发现了大量西汉时期的古城堡及建造精良的汉墓，证明了西汉时期此地人烟稠密、富庶繁华，是司马迁必游之地。釜山南 2.5 千米处的东黑山村南，河北省考古队挖掘出土了 10 多处西汉时期的汉墓群和古城郭遗址，在南釜山村发现了 12 处汉墓群。其墓穴建造十分精良，有大幅石雕作墓壁，上雕青龙、朱雀、毕方等图像，可见墓主非一般平民百姓。釜山南 3 千米处孙各庄出土的汉墓，数量之大，构造之奇特，证明了此地当时已是繁华之地了。釜山东南的遂城镇始建于战国时期，是燕南赵北的要隘重镇，也是汉高祖时期北方的一大重镇，司马迁来此游历考察是必然的。当司马迁 38 岁（约前 107 年）接替其父司马谈续写《史记》时，以当地人普遍称轩辕山为釜山的情况下，原轩辕山就被写成了釜山，即《史记・五帝本纪》中“北逐荤粥，合符釜山”。此乃是釜山名字变迁的过程。1932 年，《徐水县新志》记载“釜山又名釜阳山”。

徐水縣新志 卷二

固與徐水黑山賊爲亂袁紹討平之山位面陰土壤多黑附
近有黑山村地形高爽林木交蔭山上舊有清涼寺爲遊觀
勝地
圍道山在縣西四十五里四山高聳道路圍在其中故名
傘山在縣西北五十里山勢平闊
栢山在縣西北五十里
馬山在縣西大王店東
形山在縣西樊村
藥欄山在縣西五十里有黃伯陽洞
釜陽山在縣西北四十五里

44

《徐水县新志》载“釜阳山在县西北四十五里”

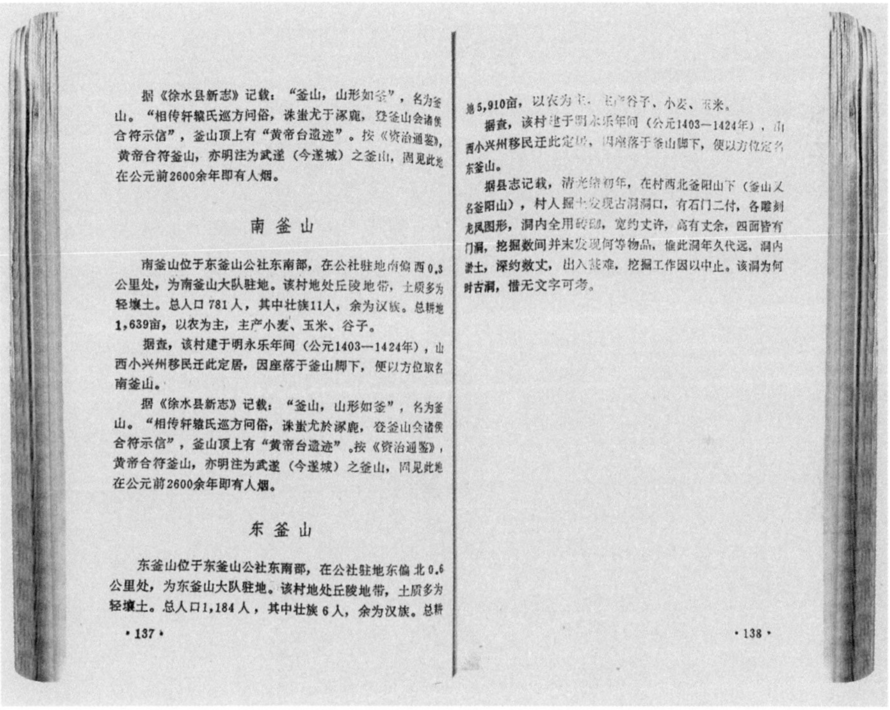

据《徐水县新志》记载："釜山，山形如釜"，名为釜山。"相传轩辕氏巡方问俗，诛蚩尤于涿鹿，登釜山会诸侯合符示信"，釜山顶上有"黄帝台遗迹"。按《资治通鉴》，黄帝合符釜山，亦明注为武遂（今遂城）之釜山，固见此地在公元前2600余年即有人烟。

南 釜 山

南釜山位于东釜山公社东南部，在公社驻地南偏西0.3公里处，为南釜山大队驻地。该村地处丘陵地带，土质多为轻壤土。总人口781人，其中壮族11人，余为汉族。总耕地1,639亩，以农为主，主产小麦、玉米、谷子。

据查，该村建于明永乐年间（公元1403—1424年），山西小兴州移民迁此定居，因座落于釜山脚下，便以方位取名南釜山。

据《徐水县新志》记载："釜山，山形如釜"，名为釜山。"相传轩辕氏巡方问俗，诛蚩尤於涿鹿，登釜山会诸侯合符示信"，釜山顶上有"黄帝台遗迹"。按《资治通鉴》，黄帝合符釜山，亦明注为武遂（今遂城）之釜山，固见此地在公元前2600余年即有人烟。

东 釜 山

东釜山位于东釜山公社东南部，在公社驻地东偏北0.6公里处，为东釜山大队驻地。该村地处丘陵地带，土质多为轻壤土。总人口1,184人，其中壮族6人，余为汉族。总耕

·137·

地5,910亩，以农为主，主产谷子、小麦、玉米。

据查，该村建于明永乐年间（公元1403—1424年），山西小兴州移民迁此定居，因座落于釜山脚下，便以方位定名东釜山。

据县志记载，清光绪初年，在村西北釜阳山下（釜山又名釜阳山），村人掘土发现古洞洞口，有石门二付，各雕刻龙凤图形，洞内全用砖砌，宽约丈许，高有丈余，四面皆有门洞，挖掘数间并未发现何等物品，惟此洞年久代远，洞内淤土，深约数丈，出入甚难，挖掘工作因以中止。该洞为何时古洞，惜无文字可考。

·138·

1984年《徐水县地名资料汇编》注"釜山又名釜阳山"

釜山黄帝合符觅宗

据《史记·五帝本纪》记载，黄帝者，少典之子，姓公孙，名曰轩辕，生而神灵，弱而能言，幼而徇齐，长而敦敏，成而聪明。约在五六千年前，他兼并了炎帝部落，战败了蚩尤，统一了中华民族，成为中华民族共同尊崇的人文始祖。各部落（诸侯）尊轩辕为天子，即黄帝。天下有不顺者，黄帝征之。东至于海，登丸山，及岱宗。西至于空桐，登鸡头。南至于江，登熊、湘。北逐荤粥，合符釜山。釜山合符意味着华夏民族大小诸侯大联合，服从黄帝，是中华大一统的开端。

一、历史文献相关记载

釜山黄帝合符这个重大的政治事件究竟发生在何处？历史文献记载颇多而有异，涿鹿说有之，涞水谈亦存，徐水处宏论声更巨。历史事件虽已越几千年，但总会有其事实真谛，笔者是历史人文爱好者，是历史人文古迹漫游的宠儿，对华夏山山水水、人文古迹的钟爱仅次于饭水。当我走遍大江南北、东西疆域后，又览阅历史群书、方志文献，终于使黄帝合符处的真实地点浮出了水面，显现了庐山真面目。

（一）釜山黄帝合符处在今涿鹿县令人质疑

西汉史学家司马迁（约前 145 或前 135—？）于公元前 108 年继父职任太史令。他的任职期为西汉建元至元封之间（见《史记》第 604 页）。他任职后，发奋继续完成其父司马谈写一部“古今通史”的夙愿，人称其书为《太史公书》，后称《史记》（见《辞海》缩印本第 106 页）。司马迁写《史记》时，正是汉武帝刘彻执政之时，史称大汉帝国，从大汉帝国的疆域及其区划——州、府、县置查，当时尚无涿鹿之名。今天的涿鹿县地域，汉时称下洛，唐时改称永兴县，元时称保安州，1913 年改称保安县，1914 年始称涿鹿县至今。走遍涿鹿县境，寻找釜山之址，根本找不到釜山之山，也无釜山之名。作为博览汉前史书、熟稔历史事件、任职前又花费 10 多年的时间走遍华夏各地的司马迁，焉能无此地名而错传乎？釜山黄帝合符处在涿鹿让人费解，华夏各地相互抢占人文古迹的实例有之，如晚唐诗人杜牧的《清明》一诗中有“牧童遥指杏花村”，《清明》本是他在安徽贵池任知州时清明踏青而写，杏花村指的是贵池西郊 500 米处盛产美酒的杏花村，人们不是也都误认为是山西因产汾酒而著称的杏花村吗？

（二）釜山黄帝合符处在涞水县亦让人难觅

涞水县，汉时置遒县（迺县）；隋初开皇元年（581 年）称范阳县，俗称小范阳，治所在今定兴县南的固城镇（见《辞海》缩印本第 573 页）；又改称涞水县，后治所北迁至今涞水县址。查阅史书方志，没有关于釜山合符在涞水的记载。走遍涞水县的山山水水、镇邑村廓，皆无釜山之山，也无釜山之水，更无釜山之村。倒获得涞水县西一山洞，民间传说是黄帝造指南车的地方，这给釜山文化增添了新的内容。

（三）釜山黄帝合符处在今徐水区的釜山

史书记载、考古发掘、方志表述、众多遗址及民间传说，证据多多，皆表明釜山黄帝合符处在今徐水区的釜山，让人折服。史书、方志多处记载黄帝合符在今徐水釜山。据《史记·五帝本纪》记载，黄帝合符釜山在今之徐水（见《辞海》缩印本第1496页）。据《资治通鉴》记述，黄帝合符釜山亦注明武遂之釜山。武遂在今徐水西10千米、釜山东5千米处，即今之遂城。武遂始建于战国，武王克殷封召公奭于蓟建燕国（即今易县燕下都，同时建周边城，取名武遂，为燕南重镇，南北朝时改武遂为遂城，唐朝改遂州，北宋时又改称遂城并沿至用今）。据《炎黄汇典·方志卷·保定府志》卷十八“与地略、山川”记载，釜山在安肃县（徐水旧称）西22.5千米处，其状类釜，并且说黄帝朝诸侯，合符于釜山，即此。《历代通鉴纂要》亦注明，釜山在安肃县，是黄帝会诸侯合符处。据《名胜志》记载，“黄帝朝诸侯，合符于釜山”。注云：釜山在今安肃县。《徐水县志》卷十《大事记》云：“黄帝轩辕氏，巡方问俗，诛蚩尤于涿鹿，登釜山会诸侯，合符示信徐水，釜山顶有黄帝台，遗迹犹存。”

二、考古发掘

徐水是华夏人类文明的发祥地之一。自1986年全国第二次文物普查至今，在原徐水县境内南庄头村发现了目前我国最早的古人类生息地遗址，露出面积5000多平方米，经国家、省、市、县四级联合挖掘，出土了大量古人类生活遗物，经北京大学考古系碳一14测定，距今9700—10515年。众多出土遗物揭示了北方谷物的培育应用、陶器的起源及人类饲养家禽家畜的开始，被列为国家级重点文物保护单位。据此发掘，号称有5000年文明的华夏民族应改为8000年或1万年，这才是中华民族文明史长河的源头。徐水境内发掘出土的仰韶文化中早期遗址——金家坟、防陵村、北贺寿营村等，以及瀑河仰韶文化晚期（雪山一期）遗址，距今都在5000—6000年，正与炎黄时期相吻合。因此，徐水是远古时期人烟稠密、人类生产较先进的聚居地，也是目前发现中华民族文明起源最早的地方之一。

徐水釜山周围黄帝遗址颇多，是黄帝合符处的可靠佐证。釜山位于徐水城西22.5千米处，因其山形如倒扣的一口大锅而得名，当地亦叫锅顶山或釜阳山，是古代轩辕黄帝族群的大本营。山顶有轩辕庙，山半腰有黄帝合符台，山下有多个轩辕黄帝洞，山前建东、西、南、北四釜山村。釜山山顶上的轩辕黄帝庙遗址，初建的黄帝庙（祠）乃黄帝的第九代世孙重华（即舜帝）所建，建筑结构比较简单，青石叠垒、木棒网架、柴草覆顶，为三间茅屋，是东汉以前历代帝王朝圣祭祀的地方。沧桑几千年，随着人类文明的进化和对祖先的崇敬，秦、汉、隋、唐数代都有修葺和改建，越建越宏大、壮观。最后一次重修是清乾隆十三年（1748年），于次年农历三月初一竣工。建有正殿三间、八檩大殿，前有走廊，后有抱厦，琉璃瓦覆顶，上嵌五脊六兽，前有配殿，后有茶房，规模宏大，十分雄伟。山南面半山腰处有一泉眼，常年流淌。庙内僧侣常年居住，为纪念黄帝统一华夏之功勋，每年农历三月初一，周围方圆几百里的信民，扶老携幼前来朝圣祈福，香火十分旺盛。商贾云集，贸易兴隆。搭台唱戏，少说延续3—5天，直至今日。山顶大庙被日寇侵华时炸毁，现仅存庙基及三道庙之围墙、残碑数块，年久风化，字迹剥落。华夏人类始祖之庙毁之，十分令人惋惜。1954年，鄙人登釜山山顶时，发现尚存较好的一块无碑头半截残碑，系乾隆十三年重修轩辕庙时镌刻西晋文学家皇甫谧的弟子摰虞的《黄帝赞》碑，经辨认如下：

黄帝在位，实号轩辕。
车以行陆，舟以济川。
弧矢之利，弥难消患。
垂衣而治，万国义安。

黄帝合符台在釜山南面半山腰缓坡处，距山顶百米，是一块自然形成的光滑巨石平台，东西长7米、宽4米，方圆28平方米。巨石北面连入山坡内，南面高出地面51.2厘米。据明修《徐水县志》记载，黄帝统一华夏巡方问俗，登釜山会诸侯合符示信，后人将黄帝会诸侯处称为黄帝合符台，至今犹存。釜山山场周围断崖上刻画着许多像字似草的图案，存留了几千年，至今无人破译其意。

更有历代文人墨客专程或踏青来此，瞻仰华夏文明始祖黄帝在北方活动的大本营，并且在徐水釜山留下了许多诗词墨宝，今仅摘清朝乾隆年间诗人、曲阳县令张玉的《登安肃釜山黄帝合符台有感》

五言律诗一首：

典礼乾朝觐，衣冠拜冕旒。
釜山陈玉帛，符节剖共球。
列传千官合，铭功万古留。
轩辕台百尺，时有庆云游。

轩辕黄帝洞遗址在釜山半山腰及山脚有数个岩洞，据几千年口口相传和文献记载，是轩辕黄帝利用山体自然形成的溶洞作为储粮藏兵之所。古时釜山满山松柏，半山腰泉水常年喷泻，山水相依，是上佳的藏兵用武之地。釜山周围流传的黄帝故事颇多，包括几千年一直流传至今的黄帝大战蚩尤的战争描述、釜山山洞炎帝凤鸟发明了酿酒技术、黄帝娶西陵之女嫘祖教人们养蚕缫丝织帛的故事和逢年过节当地花会上演的黄帝捉赤鬼（蚩尤）的剧目。釜山北小牟山还有蚩尤坟遗址。诸多的黄帝遗事在徐水流传了几千年，不更证明黄帝活动在徐水一带吗？

走遍祖国大地，寻找黄帝合符处，这个华夏民族大一统的政治事件发生在今徐水釜山无疑，既有考古发现，又有历史文献记载和诸多民间传说为佐证，可谓山有其形、地有其名，史有所载、物有所证、民有所诵，是经得起检验和考证的。

黄帝釜山合符年代考

——公元前 2698 年

黄帝在徐水釜山合符，是华夏中原大地各诸侯在黄帝的领导下大融合、大一统的开端，是轩辕黄帝由万邦林立的方国建立古国王朝之始，也是轩辕黄帝从此由部落首领跃上大联合的古国王朝最高统帅之时，是中华 5000 多年文明之开端。这 5000 多年文明史的开端是从釜山合符开始的。那么，黄帝合符是在哪年呢？要想弄清釜山黄帝合符的确切年代，首先要阐明中华 5000 多年文明史之划定来源。这里借用 2003 年陈雪良先生的《中华远古文明之谜》书中的一段原文："中华文明 5000 年这个说法是怎么出来的呢？原来宋代邵雍在《皇极经世》一书中称尧帝元年为甲辰年，卢景贵考定这一年相当于公元前 2357 年。再据晋代皇甫谧的《帝王世纪》推算，认为尧以上共五帝，历时 341 年（其中，黄帝 100 年，少昊金天氏 84 年，颛顼高阳氏 78 年，帝喾高辛氏 70 年，帝挚 9 年）。据此推算，黄帝元年应为公元前 2698 年。从黄帝元年算起，到 21 世纪初，一共是 4698 年，接近于 5000 年，简称 5000 年，这是"中华文明 5000 年"说的真正来源。1912 年，孙中山就任临时大总统时，通电各省

“以黄帝纪元4610年为中华民国元年”。这是第一次以国家元首的身份公开承认了“中华文明5000年”说。当时提出5000年说有其一定的合理性和必然性，因为举世公认的中国正史之首《史记》就是从黄帝写起的。柏杨先生在2005年出版的《中国人史纲》中云：“黄帝王朝建立的日期，古史学家说纪元前2698年，这是一个重要的日子。”我从柏杨先生所列五帝世系表中查找，五帝之首黄帝的元年为公元前2698年。《史记·五帝本纪》中也清楚记述了釜山合符是华夏中原大地各诸侯统一在黄帝麾下的标志，是大融合、大一统之始。釜山合符是中国历史上黄帝主持召开的第一次建国大会。黄帝元年即公元前2698年，这是釜山合符的确切年份，有着伟大的历史意义。

当然，我们考证的是黄帝在釜山合符的确切年代，中华古国文明长河的真实情况又是如何呢？近几年的大量考古资料证实，中国有超越百万年的文化根系（元谋人、巫山人、蓝田人、北京人的骨骼化石已经证实中国有超越百万年的人类文明的历史事实）和上万年的文明起步（徐水南庄头古人类遗址是10500年之久），说明中国古代文明渊源久矣！我们说5000年文明是从徐水釜山黄帝合符算起的，所以釜山合符是中华5000年文明之源，釜山是中华5000年文明的起点，釜山是中华5000年文明的故乡，釜山是中华5000年文明的摇篮。

黄帝釜山合符的伟大历史意义

釜山合符是华夏大地诸多部落集团（诸侯）在黄帝统领下大融合、大一统之始，从此结束了黄河流域内万邦林立、分裂割据的局面，趋于统一。随着国家机构的初步形成，人类社会步入了迅猛发展的正常轨道。

釜山合符是标识中华人文始祖黄帝丰功伟绩的里程碑，是中华民族形成的基石，从此拉开了中国5000多年文明史的大幕，是由自然王国走向必然王国的开端。这一历史伟任，只有黄帝才能完成，是习用干戈的黄帝通过“阪泉之战”“涿鹿大战”“北逐荤粥”三大战役结束了中原大地诸多部落集团各自为政的分裂割据局面，黄帝一跃成为诸侯联盟的最高首领，在中原大地上建立了第一个古国王朝。5000多年前的华夏除了黄帝，无他人可担此重任，传说黄帝乃应天而生，天降大任于斯人。

《黄帝传》云：“黄帝者，少典之子，其母附宝感电光神龙绕身而孕，怀二十四月生轩辕。”黄帝降生就与众不同。《史记·五帝本纪》云：“黄帝者，少典之子，姓公孙，名曰轩辕。生而神灵，弱而能言，幼而徇齐，长而敦敏，成而聪明。”作为少典之后，少年轩辕成为姬姓部族的首领。

由于轩辕“修德振兵”，很快使姬姓部族发展成为黄河下游人数众多且强大的部族。尤其是黄帝以釜山为大本营以后，发展壮大之快使其他部族刮目相看而畏惧。当时，“神农氏衰，诸侯相侵，暴虐百姓，而神农氏弗能征，于是轩辕乃习用干戈，以征不享”，历史的重任落于轩辕之肩。胸怀大志的轩辕，发挥其谋略过人的智慧，加之习用干戈的作战指挥技术，实施了他的宏大志向。通过“阪泉之战”，他兼并融合了炎帝，使部族更加强大。通过“涿鹿大战”，又彻底击败了强敌蚩尤。通过“北逐荤粥”，扫平了实现华夏一统的所有障碍。轩辕黄帝一跃从部落首领登上众多诸侯联盟的最高指挥权的宝座，即天子。

为施展其雄才大略，中原大地上古国王朝建立后的治理要通过诸侯第一个联盟大会——釜山合符来实现。釜山合符前的谋划筹备工作开始了，一套完备的治国方针孕育而出。设置管理诸侯的左右大监，以监万国；设立以云师为名的军队建置；划定各部族诸侯管辖的势力范围、地方政权的界限；建立禁止相互侵扰、掠夺及和平相处的约束政令；以布农桑、治五气，颁发以驯化和饲养家畜家禽为特征的定居生活的政令；命仓颉为史官而造文字；命伶伦为祀祈主持的造律吕、设祖神牌位而祭天的方案；命容成造历、大桡作甲子；命隶首作算数；命宁封为陶正、赤将为木正，以利器用；命共鼓为舟楫，以通河渠；命元妃嫘祖教民养蚕，以脱去兽皮着衣。据此，社会分工详尽细化，黄帝得天下一统。正如《管子》云：“黄帝得六相，而天地治。”为了实施其治国方针，在一切准备就绪的情况下，黄帝在釜山召开了各路诸侯首领参加的会盟誓师大会，这就是釜山合符。在联盟大会上，黄帝阐述了拟定的治国安邦方针。因黄帝自喻龙的化身，应天而生，所以集思广益，拟定以龙为统一图腾。这是中华大地众多部族的大融合、大一统，是以黄帝为最高统帅的第一次联盟大会。

釜山合符以后，华夏古国王朝宣布成立，在中原大地上基本上停止了战争。一个和谐的古国出现了，中华文明也随之大踏步向前迈进。社会生产力发展了，各民族实现了安居乐业、和平相处，祥瑞之事层出不穷，如“凤凰巢于庭院，麒麟游于苑囿”，到处呈现一片国泰民安的盛世状况，给中华民族的壮大和发展铺展了宽广大道，在黄帝的统领下，推动着历史的车轮飞快地向前滚动。

釜山合符是中华民族形成之始，对后来中国的成长、发展、壮大发挥了巨大作用，其历史意义重大：

其一，釜山合符标志着华夏中原大地从万邦林立的方国时代跨入一统后的古国大门，从此结束了诸侯相互侵凌、各自为政的分裂局面，华夏一统的形成为后来的开疆扩土打下了基础。

其二，釜山合符尊黄帝为天子，确定了以黄帝为各路诸侯的最高统帅，是中央政权建立之始。

其三，釜山合符，华夏各民族以“龙”为图腾的统一标识出现了，这也是中国人自喻“龙的传人”之始、之据。

其四，釜山合符是中华大地一统后第一个古国王朝建立的标志，治理国家的方略从此开始，建章立制，政令统一，一套国家制度开始出现。正如罗泌的《路史》中的表述：“其即位也，适有云瑞，因以云记，百官师长，俱以云名，乃立四辅、三公、六卿、三少、二十有四官，凡百二十官，有序以之共理府而视万民。”又如《史记·五帝本纪》中云：“黄帝置左右大监，监于万国，万国和，而神鬼山川封禅。”从此，自中央到地方的完整的国家治理官员制度模式形成了。

其五，釜山合符，黄帝公布了各路诸侯活动的地域范围，给后来州、县、镇、邑、城的出现创造了条件，也给后来的夏王朝划定九州打下了基础。

其六，釜山合符标志着统一后的华夏人民开始了和平稳定的定居生活。此时，很多的创造发明在人们发展生产的过程中大量出现，对社会文明的演进起了巨大的推动作用。

总之，釜山合符是华夏中原大地诸多民族部落大融合、大一统之始，标志着以黄帝为天子的古国王朝建立了，给后来的中华民族大发展奠定了基础。中华文明从釜山合符开启，中华文明从釜山走来，釜山是当之无愧的中国圣山。

古代黄河曾在徐水境内流淌

黄河是孕育华夏5000多年文明的母亲河，在西汉以前称“大河”。汉高祖刘邦建立西汉帝国之后，见大河之水浑浊色黄而改称“黄河”。据《汉书》记载，刘邦在“封爵之誓”中说：“使河如带，泰山若厉，国以永存，爰及苗裔。”这是黄河名称见于文献最早的记录。

由于黄河流经的中下游区域所致，黄河具有“善淤、易决、多徙”的特点。据统计，历史上黄河决口达1590多次，较大的改道在西汉以后有7次。那么，黄河故道数条，哪条是孕育中华5000多年文明的母亲河呢？据著名历史地理学家谭其骧先生考证《山海经》中记载，黄河故道比禹贡河道更古老，是孕育华夏文明的母亲河。从流经路线来看，黄河出河南孟津小浪底，沿太行山东麓向东北流向安阳，穿过邯郸、深州至高阳，从保定西到徐水境内，在釜山之前，以90°急转弯东去，经安新过霸州，在天津北入渤海。这条最古老的黄河故道被称为“山经河”或“谭河”，是上古人类最初在黄河两岸创造中华文明的地方，人类从此在黄河两岸繁衍。这一点从近几十年的沿黄河故道两岸考古挖掘出土的古人类遗址中也得到了充分验证。仅在徐水境内，沿黄河故道就发现了新石器时代的遗址和大量遗物。黄河故道北岸的徐水高林村镇南庄头古人类生活遗址是距今 9000—10500 年的聚落群，被列为国家级文物保护单位；此外，还有距今 5000—7000 年的文村仰韶文化遗址、金家坟仰韶文化遗址、遂城仰韶文化遗址、瀑河仰韶文化遗址等，多达 46 处。这个时期正是黄帝部族在涿州以南崛起并逐步强大的时期，以釜山为营垒，合符统一了华夏，开创了中华 5000 多年文明之起点。这条流经徐水境内的古黄河才是我们所说的文明之母亲河。

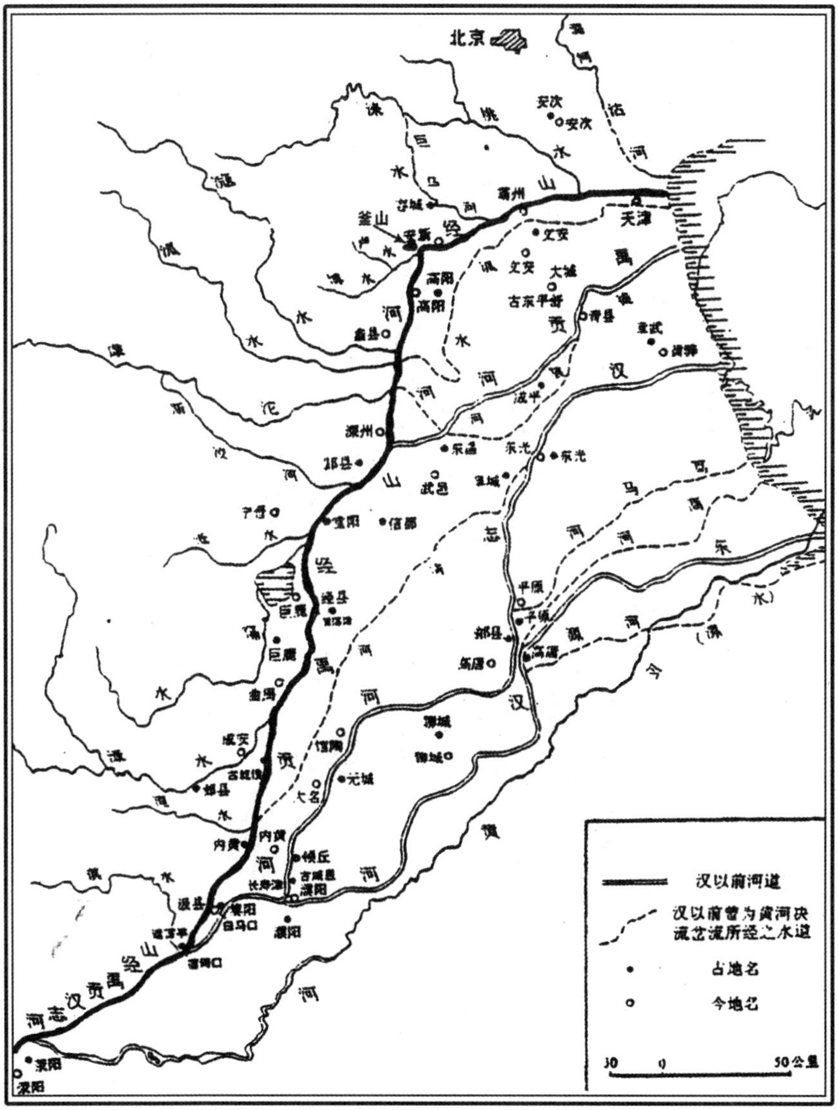

先秦至东汉黄河下游变迁图

最初黄河入海图

保定地区及雄安新区仰韶文化遗址分布概述

保定地区是轩辕黄帝自徐水釜山合符后，初都后山，移都古范阳，又迁都涿鹿（涿州），在北方活动时间最长的地区，所以这个地区的雪山一期文化、仰韶文化、龙山文化遗址很多。现将釜山合符文化研究简述如下：

【徐水境】

1. 南庄头万年古人类聚居遗址，位于徐水区高林村镇南庄头村北 1.5 千米处，距釜山 10 千米。1986 年文物普查时被发现，出土了大量的古人类生活用具，如石磨棒、烧火坑、石英片、石球及加工过的骨器。经测定，距今 9700—10500 年前，此处是古人类生活之聚集地，是一处我国目前已知的最早的新石器时代的人类文化遗存。

2. 象山古生物化石遗址，位于徐水区西 22.5 千米处的象山岩洞裂缝中，距釜山 4 千米，距今 10000 余年，形成的地质年代为上更新世晚期至全新世早期。

3. 文村仰韶文化遗址，位于徐水区西北广门乡东南文村，距釜山 6 千米，出土了红顶钵、红顶盆、陶支架、陶支座、鬲、釜等典型的仰韶文化遗物。

4. 金家坟仰韶文化遗址，位于徐水区城西 18 千米的金家坟村，距釜山 7 千米，从中采集的遗物标本有细泥沙和夹沙陶器、红顶钵、红顶盆、釜、圈足、粗陶制品等。

5. 瀑河仰韶文化遗址，位于徐水区西 25 千米的瀑河乡政府东北、燕南长城脚下，距釜山 1 千米，出土了大量的石刀、石釜、石杵、石球等。

6. 防陵仰韶文化遗址，位于徐水区城东南 15 千米的防陵村东南 500 米处，出土了陶片、泥盆、甑等遗物。

7. 北贺寿营仰韶文化遗址，位于徐水区城东南 7.5 千米处的北贺寿营村，出土了大量红顶钵等典型仰韶文化遗物。

8. 釜山古庙遗址，位于徐水区城西北 22.5 千米处的釜山山顶。2008 年，河北省文物研究所考古队对其进行了挖掘，出土了先商时期距今 3500 年的绳纹陶片。在清理庙基时，从 1 米以下的乱石中发现了一块残碑，可辨文字有“黄帝时诸侯合符即（此）……最著龙之先……”，此碑产生年代不详。

【涿州境】

9. 杜村遗址，位于涿州市北偏东的东仙坡镇杜村东北，1986 年 6 月文物普查时被发现，出土了夹砂褐陶和夹砂黑陶，陶器有双耳罐、小口罐、鬲、豆等。从器物形态分析，这里有雪山一期文化、仰韶文化、龙山文化遗存。

【涞源境】

10. 南屯新石器时代遗址，位于涞源县南屯乡拒马河南岸的二级阶地上，1991 年发现，文化层可分上、下两层，上层出土的标本有夹砂灰陶细绳纹陶片、锥状鬲足等商代遗物，下层出土了泥质磨光陶钵口沿、磨制石铲及燧石打制石片等新石器时代的遗物。其文化内涵与雪山一期文化相近。

11. 西庙旧石器时代晚期至新石器早期遗址，位于涞源县城西 1 千米的西关村。遗址文化层位于地表以下 3—4 米马兰黄土的下层，出土了红褐色、黑褐色陶片及石核、石片、碳粒、烧骨、烧果核、鹿下颚骨等。经西安地质所热释光测试，该遗址距今约 18000 年；又经北京大学考古系古年代学家原思训教授与荷兰的葛罗宁根大学及美国的亚利桑那大学合作测定，其距今有 12000 多年之久。

【涞水境】

12. 北庄新石器时代遗址，位于涞水县九龙镇北庄北 200 米的半山腰处，出土文物有烧制火候较低的泥质红陶顶碗、陶罐，夹砂灰褐陶敛口钵、夹砂红陶双耳鼓腹罐等，具有新石器时代晚期但比龙山文化早的器物特征。

13. 北边桥旧石器时代遗址，位于涞水县北边桥村北的居民院内，海拔约 1000 米，1983 年发现，出土了骨化石。经北京大学考古系根据放射性同位素测定，为古智人化石，距今已有 2.8 万年。

【易县境】

14. 曲城新村新石器时代仰韶文化遗址，位于易县尉都乡曲城新村东，1983 年文物普查时发现，采集标本有石镰、砺石、红顶钵口沿、泥质红陶罐口沿等，经河北省文物研究所鉴定为仰韶文化后岗类型。

15. 北福地史前文化遗址，位于易县高村乡神石庄村，毗邻中易水北岸台地，1985 年发现。其中，北福地一期遗存的年代与磁山文化、兴隆洼文化的年代大体相当，距今约 8000 年。

16. 七里庄仰韶文化遗址，位于易县城东北 3 千米处的七里庄村南，发现了新石器时代至夏、商、周、战国等时期的文化遗存。

17. 西陵山（狼牙山）蚕姑坨，位于易县西偏南的西陵山上。

18. 后土山黄帝城，位于易县西北的后土山古庙群处。

【曲阳境】

19. 钓鱼台仰韶文化遗址，位于曲阳县城西南 18 千米的晓林乡店头村，出土文物种类丰富，有陶器、石器、骨器、角器等，尤以陶器为多，距今已有 5000 多年的历史。

【唐县境】

20. 尧帝古城遗址，在今唐县旧城。

21. 尧母庆都山，位于唐县东偏北，为尧母庆都居所。

【顺平境】

22. 阳辛庄新石器时代遗址，位于顺平县白云镇阳辛庄村东方500米处，1986年文物普查时发现，出土大量泥质红陶片、夹砂红陶片、泥质灰陶片、彩陶片、支架类器座、红烧土等遗物。

23. 尧山古遗址，位于顺平县西南10千米、尧思母登尧山望都山处。

24. 尧旧城遗址，位于顺平县城南10千米处。

【望都境】

25. 尧母庆都陵遗址，位于望都县城南1千米处。

【定州境】

26. 西南合新石器时代遗址，位于定州市留早镇西南合村北300米处，北临古河道，1985年文物普查时发现，地表散见大量泥质灰陶、夹砂粗褐陶及磨光黑陶，采集标本有鬲足、瓶腰、缸底、残石刀、卜骨等。

【蠡县境】

27. 百尺新石器时代遗址，位于蠡县大百尺村东100米处，1986年发现，遗址范围内发现了诸多陶器，有彩陶钵、彩陶碗、彩陶罐、陶纺轮、磨光黑陶罐、尖底器等，石器有斧、镰、球等。

【清苑境】

28. 大望亭仰韶文化遗址，位于清苑区城东北 16.3 千米的大望亭村西 500 米处，南面是府河，出土了彩陶片、陶环、蚌壳、兽骨、鱼骨、磨光石斧等。

29. 东臧村仰韶文化遗址，位于清苑区城东偏北 19.6 千米的东臧村东北 1000 米处，南距府河 4 千米，1986 年发现，地面散存大量陶片及少量磨光石器、骨器。陶器多手制磨光，以泥质红陶为主。

【高阳境】

30. 颛顼城遗址，位于高阳城东偏南 10 千米处，为颛顼所筑。

【安新境】

31. 梁庄新石器时代遗址，位于安新县城东南 14 千米的梁庄村南 50 米处的白洋淀内，1986 年发现，一期遗存内含夹砂夹蚌褐陶、泥质红陶、泥质灰陶和红烧土块、兽骨等，泥质陶多于夹砂陶；二期陶器有夹砂陶和泥质陶两大类，夹砂陶多于泥质陶，陶器器形有盂、壶、罐、碗、盆、钵等，石器有斧、锛，骨器有骨环、骨刀等。

【容城境】

32. 上坡新石器时代遗址，位于容城县城南 1 千米上坡村南 50 米的台地之上，共分四层，从上至下依次为磁山文化、仰韶文化、龙山文化、商文化遗址。

33. 午方新石器时代遗址，位于容城县城南 1.5 千米的午方村西耕地上，出土了陶器、石器和骨器，主要是陶片。从陶片形态可以看出是钵、碗、盆、罐、壶、甑、器耳等。

34. 北庄新石器时代遗址，位于容城县东牛北庄村东，采集的标本有陶支架、陶盂、三足钵、磨棒等。

35. 白龙新石器时代遗址，位于容城县白龙村西 500 米处，1985 年文物普查时发现，出土了一件完整的陶瓷罐及一部分陶片。

36. 东牛新石器时代遗址，位于容城县东牛村，出土了大量的彩陶钵片、红陶罐陶片。

【定兴境】

37. 南肖庄龙山文化遗址，位于定兴县南肖庄村北，1986 年发现，采集的标本有夹砂红陶瓮棺碎片、陶器碎片，初步鉴定为龙山文化遗址，兼有雪山一期文化的遗存。

徐水出土众多汉代墓画像石

徐水考古，成果丰硕，发现了距今二三十万年前中更新世的长近 4 米的古象牙化石，为中国考古之最；又有距今万年左右的南庄头古人类部落遗址。多处仰韶文化遗址的出现及黄帝时期的釜山合符，揭示了中华民族 5000 多年光辉历史的肇始。后来的考古，特别是众多汉代古墓的挖掘，又发现了与其他地方汉墓不同的奇特的画像石。徐水的汉墓，墓门石、墓盖石的装饰雕刻极为特殊。河南、山东、陕西、山西、四川、江苏、安徽等地的汉墓，为显示墓主的生前业绩和显赫地位，多以人物、山水、花草石刻装饰其墓穴。而徐水发掘的汉墓是将特殊的图案浮雕在墓门石、墓壁石上，以珍禽瑞兽为题材，浮雕在巨大的青石板上。这是其他地方罕见的墓葬装饰图案。徐水汉墓中采用的乃是当时流行的“四灵”——青龙、白虎、朱雀、玄武组成的浮雕图案，更有将凤凰、毕方、飞狐等组图刻于墓石上。这些千姿百态的珍禽奇兽给大墓创造了一个森严、神秘的地下世界氛围，除体现了逝者生前的富有，更表现了思想、意识、信仰的改变。它与当时北方道教的盛行有着密切的联系。

青龙，东方七宿之总称，乃道教信奉的东方之神。位于徐水遂城镇王坎庄村的汉墓画像石中浮雕的青龙，长嘴利齿，吻部生须，头上有角，曲颈兽身，背生双“黄”（即肉翅膀）。龙生其黄，寓意可以上天遨游无阻；矫健的四肢，有平步青云之姿；曲长而上翘的尾巴，更显不可一世的雄威。

白虎，西方七宿之总称，乃道教信奉的西方之神。在王坎庄村汉墓中，墓门、墓壁、墓顶盖等多处雕刻了白虎图像，尤其是浮雕在墓门石上的白虎，张牙舞爪，状似发怒，大吼生威，前肢高举，后爪点地，有拔地猛扑之势。猛兽把守墓门，使魑魅魍魉和孤魂野鬼远避。

朱雀，南方七宿之总称，是道教信奉的南方之神。在王坎庄村汉墓画像石中有朱雀图像，朱雀是汉代人崇奉的神力无边的神鸟。朱雀画像石的神态似凤而非凤，长尾上扬，似凤鸣而统领群禽状。与白虎相配，二灵把住墓门，能使其他猛兽和妖魔不敢靠近墓穴。

玄武，北方七宿之总称，是道教信奉的北方之神。玄武多以鸟形兽绘之，有负重和长寿的喻义。绘此图案，多表明墓主人是年高逝者。在王坎庄汉墓墓壁上，以玄武、青龙二灵组成墓画，更彰显了庄严和肃穆。

在徐水南釜山村挖掘出土的汉墓中，更有浮雕极为精细的凤凰、毕方、鸟头兽、飞狐等，用在墓门石和墓壁石上，预示着祥瑞，同时也象征着来世更加富贵。

徐水出土的汉代墓画像石可称得上独具一格的文化遗产，对研究汉代墓葬装饰有极高的参考价值。现将收藏较完整的墓葬画像石的几幅拓片影印于后，以供鉴赏、研究。

二虎逐鹿、二龙戏鱼墓顶①

① 东汉，二级文物，灰砂岩质，长 114 厘米，宽 8 厘米，1978 年遂城镇王坎庄东汉墓出土。

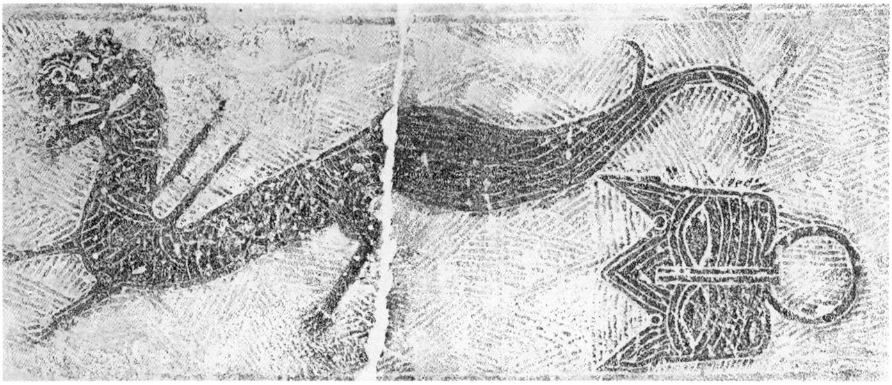

白虎铺首衔环墓门①

① 东汉，二级文物，灰砂岩质，长147厘米，宽52厘米，厚5.5厘米，1978年遂城镇王坎庄东汉墓出土。

青龙、飞狐、双鹿墓门①

① 东汉，二级文物，灰砂岩质，长146厘米，宽51厘米，厚5.5厘米，1978年遂城镇王坎庄东汉墓出土。

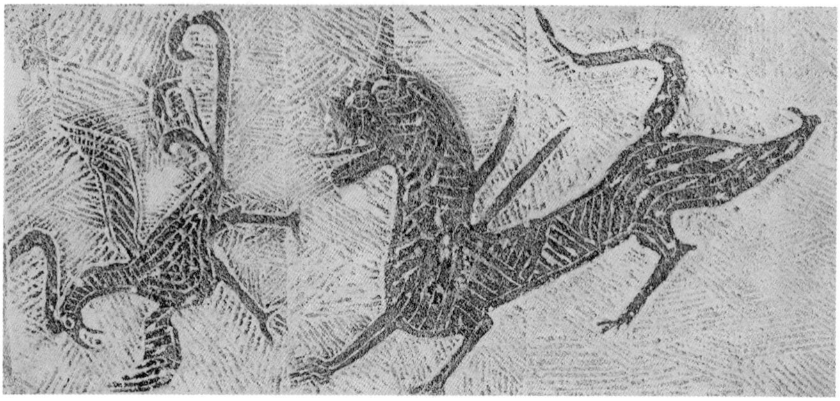

朱雀、白虎墓门①

① 东汉，二级文物，灰砂岩质，长117厘米，宽58厘米，厚8.3厘米，1978年遂城镇王坎庄东汉墓出土。

朱雀、白虎、鹳鸟衔鱼墓门①

① 东汉，二级文物，灰砂岩质，长 119 厘米，宽 56.5 厘米，厚 7 厘米，1978 年遂城镇王坎庄东汉墓出土。

朱雀、白虎铺首衔环墓门①

① 东汉，三级文物，灰砂岩质，长115厘米，宽59厘米，厚5.4厘米，1980年东釜山乡东汉墓出土。

朱雀、青龙墓门①

① 东汉，二级文物，灰砂岩质，长118厘米，宽56厘米，厚7厘米，1978年遂城镇王坎庄东汉墓出土。

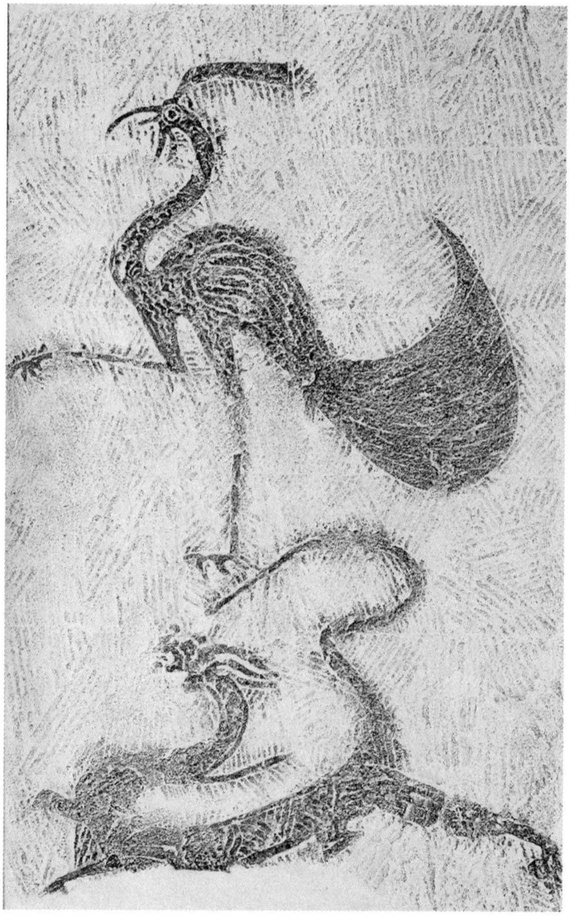

凤凰、青龙墓壁①

① 东汉，二级文物，灰砂岩质，长147厘米，宽78厘米，厚8.2厘米，1978年遂城镇王坎庄东汉墓出土。

鸟头兽、毕方墓壁①

① 东汉，二级文物，灰砂岩质，长145厘米，宽79.5厘米，厚7.5厘米，1978年遂城镇王坎庄东汉墓出土。

朱雀、青龙铺首衔环墓门①

① 东汉，三级文物，灰砂岩质，长116厘米，宽50厘米，厚5.4厘米，1980年东釜山乡南釜山东汉墓出土。

玄武、青龙墓壁①

① 东汉，二级文物，灰砂岩质，长146厘米，宽88.5厘米，厚6.5厘米，1978年遂城镇王坎庄东汉墓出土。

阪泉之战

——黄帝与炎帝的战事

阪泉之战是炎帝与黄帝之间的战争，发生在距今约5000年前。古代的炎、黄二帝原本出于一族，春秋时左丘明著《国语·晋语》中云："昔少典娶于有蟜氏女，生黄帝、炎帝。黄帝以姬水成，炎帝以姜水成，成而异德。"后来，炎黄二帝划疆各制而分裂，形成了两大部族。原二部族都生存在陕甘地带，后因西北的气候环境恶化、人口不断增加，造成食物匮乏，迫使炎、黄二帝率族东迁。

两大部族是同期沿黄河东迁的。黄帝沿太行山东麓向东求发展，最后以釜山为大本营控制着百里内的大平川，地域较为广阔。炎帝东迁黄河中游向正东发展，即河北省的东部和靠近山东省边缘的狭长地带，因活动范围较小，为生存与发展必须扩大地盘，保持强大，方不被其他部族所吞灭。可南面的山东有较强大的蚩尤把持，不敢与之抗衡，只有向北发展；向北则与黄帝发生冲突，导致了炎、黄二帝的阪泉之战。起初，炎帝像蚕吃桑叶一样，一点一点向北扩张，占据黄帝的地盘。黄帝对炎帝的北扩并未认真对待，这种让步更刺激了炎帝的扩张欲望。他集结了自己的主力，选择黄帝族民较少的地方，突然强占。黄帝的族民携子女北逃，报信给黄帝。黄帝得知炎帝北侵的消息后，率精兵五千向炎帝杀来。炎帝深知黄帝“习用干戈，谋略过人”，便采用了盘旋迂回的战术，不与黄帝正面交锋，屡次急速撤退又回缩到自己的地盘。于是，黄帝将炎帝侵占的地盘全部夺回。这就是黄帝、炎帝的第一次接触战。此后，黄帝向西北方向征讨其他部落去了。

炎帝在自己的势力范围内经营了近一年，仍因地域狭窄不能发展而再度扩张，趁黄帝的兵力向西征讨时，炎帝紧随其后，将黄帝争得的地盘像收拾战利品一样据为己有，侵占的面积比上次更大。黄帝大怒，回师要与炎帝决一雌雄，聪明的炎帝自知不是黄帝的对手，以迂回的战术避开黄帝主力的锋芒，率兵逃回自己的辖地坚守不出，这就是第二次炎黄交锋。

黄帝见炎帝退去，也就不再穷追不舍，仍调集主力向西部征讨其他弱小的部族。其他小部族见黄帝兵力强大，所到之处基本上不动什么干戈就都归顺了黄帝。这时，黄帝统辖的范围已达到河北的南部和河南的西部，比原来的地盘扩大了约三倍。炎帝又看准时机，趁黄帝主力在南方作战的时候，率部族直接北上向黄帝的老根据地釜山进发，一下深入釜山东的阪泉，占据了大片的土地。数月后，黄帝得到炎帝北扩并占据了阪泉的消息，叹曰：“炎帝呀！炎帝！不征战小的部落，无理由地侵占我的领地，实在可恶！”于是，黄帝又挥师北上，很快将炎帝的部队包围在阪泉百里范围内。这次，炎帝北侵是率全族主力而来，被黄帝包围后，南逃之路亦被切断。炎帝知道自己不是多谋善战的黄帝的对手，为保持实力，不再调兵遣将指挥部族与黄帝拼杀。两军一相接，炎帝就宣布投降了。阪泉之战宣告结束，黄帝获胜。

当黄帝与炎帝相聚后，黄帝的第一句话就是质问炎帝：“你到我这里来想干什么?”炎帝并不隐瞒自己的想法：“南边的蚩尤对我们威胁最大，不如我们联合起来去攻打蚩尤以争天下?”黄帝欣然应允。炎、黄二帝本是同根，阪泉之战不是决裂，而是融合和联盟，这就是《史记·五帝本纪》中所记载的“（黄帝）与炎帝战于阪泉之野，三战，然后得其志”。两大部族集团合并，归黄帝统辖，使黄帝的军事力量剧增，管辖地扩大，为后来于涿鹿大战蚩尤在军事上储备了足够的力量，也为华夏诸多部族的大一统奠定了基础。

涿鹿之战

——黄帝大战蚩尤

据《史记·五帝本纪》记载，“蚩尤作乱，不用帝命，于是黄帝乃征师诸侯，与蚩尤战于涿鹿之野，遂擒杀蚩尤。而诸侯咸尊轩辕为天子，代神农氏，是为黄帝”。《古涿鹿之考与黄帝都邑之变迁》一文已证实古涿鹿在徐水北边的今涿州市，所以黄帝与蚩尤战于涿鹿之野，发生在今涿州南、徐水釜山边、太行山前广阔的大平原上。蚩尤部落原来生存在黄河中下游一带的河南地面上，先以武力攻占了山东东夷族少昊的地盘曲阜，以能征善战逐渐强大起来，后来又攻占黄帝的辖地，遂发生了涿鹿之战。

蚩尤北侵是有备而来，号称战神的蚩尤凶猛异常，战事开始极其残酷。正如《鹖冠子·世兵》中云：“黄帝百战，蚩尤七十二胜。”又据《黄帝玄女战法》中说：“黄帝与蚩尤九战九不胜。”杜佑著《通典·乐典》中曰：“黄帝与蚩尤三年九战而城不下。”从史料分析，交战初期，黄帝在军事上是处于劣势的。随着战争的发展，黄帝用谋“乃征师诸侯”，集结了大于蚩尤部落作战兵团的力量，从而打败了蚩尤。交战初期在涿鹿之野，黄帝用谋逼使蚩尤节节败退，战争随之南移，最后在河北省中南部的中冀（今冀州）擒住了蚩尤，黄帝乘胜追击直至山东曲阜捣毁蚩尤老巢。此次黄帝大战蚩尤，三年内经过 100 多场战事角逐，黄帝大获全胜。关于战争的全部描述可谓连篇累牍，压缩一下着重描述方相宜。既然《史记》中说“蚩尤作乱，不用帝命，于是黄帝乃征师诸侯，与蚩尤战于涿鹿之野，遂擒杀蚩尤”，就以“涿鹿之战——黄帝大战蚩尤”为题综述此次战况吧。

在 5000—6000 年前的上古时期，华夏民族已进入氏族社会，各个部落的形成把整个黄河中下游地带分割成由部落统辖的大小族地，其中以黄帝为酋长的姬姓族、以炎帝为首领的姜姓族和以蚩尤为头领的九黎族为最强大的三大部落。处在原始社会的人们，也开始探索农桑之艺，但仍以狩猎为主，部落间为争夺狩猎地盘，也常常互相厮杀。居住在北方的黄帝族和炎帝族在阪泉三战后言和而结盟，咸尊黄帝为天子，北方的各个部落绝大部分都服从黄帝。正在黄帝以培植桑园、兴五谷、建屋舍、造舟车，全面兴业，开始定居生活之时，南方的九黎族头领蚩尤率领他的 81 个兄弟（实为他统辖的 81 个部落）和数万族民向黄帝控制的北方攻来，大战开始了。

黄帝把大本营设在山清水秀的釜山上，迎接了这次殊死的争杀。大敌当前，黄帝召集各个部落的首领，在釜山半山腰的巨石大平台上议事，宣布了与蚩尤决战的命令。成年男人选修棍棒，磨造石斧、石镖，备足了精良武器；女人则在后方狩猎，寻觅采摘野粟山果，准备充足的粮秣，保证前方将士的供给。各个头领分执黄帝颁发的简符（实为画在树皮上的作战命令），八路布阵向蚩尤进犯之军扑去，在距釜山东10千米的平原阔地，两军相遇。春风携寒，杀声震地，黄土飞扬，遮天盖日，石斧和棍棒的撞击声伴随着人们的嘶喊与伤者的呻吟和求救声，奏出了不寒而栗的哀歌。双方的斗士死伤惨重，横尸遍野，血流成河。两军混战，胜负难定。此时，蚩尤作法，狂风大作，昏天黑地，使黄帝大军迷失方向。蚩尤趁机将黄帝士卒包围，黄帝统辖的各个部族早有准备，黄帝发明的指南车派上了用场，虽大雾弥漫，天昏地暗，然黄帝统辖的各个部族的作战兵团仍能辨出方向，于是冲出重围，反过来将蚩尤军队团团围住。两军混战，持续了七天七夜。号称战神的蚩尤虽凶猛异常，然黄帝是以逸待劳，又是“征师诸侯”倾巢出动，人多势众，把蚩尤兵将团团围住，九黎族士兵一批批倒下，横尸遍野，血染黄尘，死伤惨重，战斗力锐减，最后只剩下蚩尤和左右卫队数百名兵士，被黄帝的长子玄嚣所率的部族包围得水泄不通，蚩尤在包围圈内东挡西杀。因七昼夜连续作战，食物又供应不上，蚩尤渐渐体力不支，终被玄嚣的长矛刺中了左肩，生生被擒。蚩尤大败，一场大战结束了。

玄嚣命部下绑缚蚩尤向釜山凯旋，各路战将也打扫战场押送俘虏纷纷回营交符。蚩尤大败不服，激怒黄帝各路部将而被诛。涿鹿之战，黄帝大获全胜，釜山周围人山人海，兵将们手举长矛、石斧振臂高呼：“黄帝常胜！黄帝常胜！”各路诸侯随即交令合符。黄帝站在釜山巨石平台上高宣：“除妖斩孽，天下大统！”为庆祝大战告捷，黄帝设宴款待诸侯。女人们送上烘烤的兽肉和煮熟的谷粟等食物，再加上凤鸟在山洞酿造的美酒，宴会气氛热烈，人们从日中一直吃喝到夕阳西下，各诸侯方率部回营。此战之后，华夏民族的大统一形成了。

黄帝统一华夏后，正如《史记》所载：“东至于海，登丸山，及岱宗。西至于空桐，登鸡头。南至于江，登熊、湘。北逐荤粥，合符釜山，而邑于涿鹿之阿。”华夏文明从徐水釜山走来。

黄帝“北逐荤粥”战事

黄帝首先通过“阪泉之战”，三战得其志，合并了炎帝部落，形成了炎黄融合的大集团，随后对北侵的蚩尤进行了“涿鹿大战”，经过 3 年内 100 多场争杀鏖战，彻底打败了蚩尤。黄帝统辖的范围大幅扩张，南达长江，西至陕甘地界，东至岱岳。就在这长达 3 年的战争期间，北方一个人数不多但很彪悍的民族——荤粥（即獯鬻，又称山戎、猃狁，西汉时始称匈奴），趁黄帝与蚩尤争杀正酣、黄帝征集所辖诸侯主力全部投入与蚩尤的决战而无暇北顾之际，他们认为有机可乘，屡屡南下侵扰黄帝辖地，掠夺一些财物又急速逃回营地。

黄帝大本营釜山周围虽然有些留守士兵，但兵力较少，也无力与荤粥族拼死抗衡，只是以保住族民生命为目的，做着保守的抵抗。荤粥族民今天从东北方向侵入，明天从西北方向袭来，使黄帝的后方族民不得安宁，3 年内南侵骚扰竟达数十次之多。黄帝大败蚩尤之后，挥师北上，回到釜山，计划筹备召开各路诸侯联盟大会，留守在釜山士兵头领向黄帝汇报了荤粥族屡屡侵犯的情况，黄帝愤怒地说：“小小荤粥，竟敢屡犯我境！”为彻底扫除一切障碍，实现华夏的统一，黄帝谋划了全歼荤粥族的方案。与此同时，不知天高地厚的荤粥族尚未得到黄帝南灭蚩尤胜利班师凯旋的消息，也正谋划着再次南侵掠夺财物的行动。

恰在黄帝回釜山的第三天，荤粥族又来侵犯。几十个荤粥族战将率几百名强壮族勇像上次入侵时一样，飞奔南下，进入黄帝领地。刚刚开始抢掠，神机妙算的黄帝一声令下，号角齐鸣，百名壮勇手执长矛、石斧，从潜伏的丛林中跃出，杀向敌群。走在前面的几十名荤粥族勇应声倒下丧命，后面的荤粥族勇见势不妙，掉头鼠窜。黄帝率精兵两千穷追不舍，怎奈荤粥族勇练就了一身飞跑技能，跑起来快似麋鹿，不到半日功夫就跑出了 30 多千米，黄帝率军一直追到荤粥族的巢穴，却不见了他们的踪影。

荤粥族营地只剩下老弱病残，并无壮男健妇，都往北逃窜不知去向了。为防备荤粥族卷土重来，黄帝下令在其营地扩大旧有营寨，插木为墙，建立营垒，并且调两千精兵驻扎，为临时都邑，这就是《史记·五帝本纪》中所说的："北逐荤粥，邑于涿鹿之阿。"这时的黄帝统辖的疆域十分广阔，如《史记》所载："东至于海，登丸山，及岱宗。西至空桐，登鸡头。南至于江，登熊、湘。北逐荤粥，合符釜山，而邑于涿鹿之阿。"

在原来华夏大地万邦林立的方国时代，经阪泉之战、涿鹿大战、北逐荤粥三大战争的洗礼，因为黄帝的统一而步入了古国时代，黄帝从此登上了诸侯联合首领的宝座。为统领管辖诸多诸侯，黄帝在釜山召开了华夏基本统一的第一次联盟大会——釜山合符。从此，华夏众多部族在黄帝的统辖下，"治五气、艺五种"，开始了农耕定居生活，极大地推进了社会文明的飞速发展。

浅谈阪泉之战、涿鹿大战、北逐荤粥的历史地位

中国古代五帝时期，最引人瞩目的、在历史上起决定作用而推动人类文明发展和华夏统一的几次大规模的战争，就是阪泉之战、涿鹿大战和北逐荤粥。这三大战役的发生和发展，促进了中华大地上各个部族之间的融合和统一，也为后来中华文明的形成和快速发展奠定了基础。此三次大战的胜利者是轩辕黄帝，他以战争的方式登上了历史的舞台，正如《史记·五帝本纪》中所载："轩辕氏乃习用干戈，以征不享，诸侯咸来宾从。"轩辕氏居于各部族诸侯最高领导地位，称天子，即黄帝。古代这三次大战发挥了催化剂和助推器的作用，历史地位重大、意义深远。

阪泉之战是黄帝与炎帝之间的战争，并且使黄帝部落强大了起来。古代的炎、黄二帝原本出于一族，春秋时左丘明著《国语·晋语》中云："昔少典娶于有蟜氏女，生黄帝、炎帝。"当时，黄帝以釜山为营垒控制着东南近百里的平原大地，而炎帝则在河北省东部靠近山东地面的狭长地带生存。山东省内由强大的部落集团蚩尤把持，炎帝无力与之抗衡，只能向西发展，求得生存空间，所以必然

侵犯黄帝的辖地，进而引发了炎黄二帝的地盘争夺战。这就是《史记·五帝本纪》上所说的“轩辕修德振兵……与炎帝战于阪泉之野，三战得其志”。阪泉之战，黄帝取胜。这次战争实属两个友好部族的内部战争，最后炎黄二帝握手言和，炎帝统辖的各个部落由黄帝统一指挥。两个部落合并就形成了华北北部一支人数众多、组织健全而严密的强大部族势力。阪泉之战使黄帝部族强大起来，给华夏炎黄民族的形成奠定了基础。阪泉之战以后，黄帝拥有了强大的军事力量和广阔的地域优势。这次战争可谓黄帝走向华夏最高统帅的第一步，阪泉之战重大的历史意义就在于此。

涿鹿大战是两大部族之间的大决战，是北方以釜山为大本营的黄帝集团与南边以山东曲阜为根据地且实力相当强大的九黎族蚩尤集团的大决战，也是决定华夏命运的大决战。当时，黄帝已基本占据了华北北部的大部分地盘。各诸侯都听从黄帝的调遣，唯山东蚩尤不受帝命，并且时而侵犯黄帝的地盘。正如《史记·五帝本纪》中所说：“蚩尤作乱，不用帝命，于是黄帝乃征师诸侯，与蚩尤战于涿鹿之野，遂擒杀蚩尤。”此次大决战是蚩尤作乱北侵引发的战争。战初，号称战神的蚩尤率 81 个兄弟（部落）先向黄帝发起攻击，凶猛异常。黄帝迎战初期虽然军事力量处于劣势，但习用干戈的他善用谋略，征集众多诸侯参战，逼使蚩尤军队节节败退，最终在河北省中南部的冀州擒杀了蚩尤，并且乘胜追杀蚩尤残部直至山东曲阜，捣毁了蚩尤的巢穴而大获全胜。大战结束，黄河中下游地区全部归黄帝所有，势力范围甚至延伸到长江流域。黄帝统辖的势力范围正如《史记·五帝本纪》中所载：“而诸侯咸尊轩辕为天子，代神农，是为黄帝。……东至于海，登丸山，及岱宗。西至于空桐，登鸡头。南至于江，登熊、湘。北逐荤粥，合符釜山，而邑于涿鹿之阿。”通过涿鹿之战，黄帝开辟了更广阔的疆土，居于华夏统治地位已成定局，意义重大。

北逐荤粥，黄帝完成了华夏民族统一的大业。北方一个人数不多但很剽悍凶猛的荤粥族群（即后来的匈奴族），平时虽然对黄帝构不成什么威胁，但时而骚扰也使黄帝烦心。因此，在消灭蚩尤后，黄帝挥师北上，北逐荤粥，将其驱赶到越过太行、燕山更远的蒙古草原上去了。釜山合符后，各路诸侯都宾服在黄帝麾下，轩辕黄帝统一了华夏，乃成华夏民族第一位首领，历代称之为人文初祖。

上古时期的阪泉之战、涿鹿大战、北逐荤粥这三大战事，使大半个中国在黄帝控制之中，黄帝的宝座也更加巩固。黄帝开始施展抱负，“修德治兵，治五气，艺五种，抚万民，度四方，设官吏，制法律，冶陶器”，使人们开始了农耕定居生活，华夏文明随之更加灿烂辉煌，大步向前迈进。

黄帝战蚩尤战事路线考

黄帝与炎帝在阪泉三战得其志，兼并了炎帝部族，其他诸多小的部落也随之归顺了黄帝。从此，黄帝在华夏中原大地上形成地域广阔、势力强大部族集团。唯有以山东曲阜为根据地的蚩尤，仍称霸一方，与黄帝抗衡，并且时有侵犯。正如《史记·五帝本纪》中所说："蚩尤作乱，不用帝命，于是黄帝乃征师诸侯，与蚩尤战于涿鹿之野，遂擒杀蚩尤。"蚩尤部落原生活在黄河中下游一带的河南地面上，他们先以武力征服占领了东夷族少昊的地盘曲阜，逐渐强大起来，后又攻占河北的黄帝辖地，遂与黄帝发生了涿鹿大战。

号称战神的蚩尤率领其 81 个兄弟（部族）北上欲攻打黄帝，过德州出山东，经景县越阜城到献县、河间、任丘，绕白洋淀插雄县，以迅雷不及掩耳之势突然直插黄帝的营垒釜山，在釜山东南易水东岸（今瀑河）涿鹿一带的平原大地上会合。如王大有著《三皇五帝时代》中云："蚩尤抄小路率精兵 3000，在易水会合。虎视眈眈，欲吞并黄帝。"蚩尤北侵是有备而来，战争初期，黄帝在军事上处于劣势。如《鹖冠子·世兵》中云："黄帝百战，蚩尤七十二胜。"又据《黄帝玄女战法》中说："黄帝与蚩尤九战九不胜。"杜佑著《通典·

乐典》中亦云："黄帝与蚩尤三年九战而城不下。"战争残酷，形势危急，有军事才干且"习用干戈"的黄帝"乃征师诸侯"，集结了大于蚩尤部落的作战兵团，扭转了战局，逼迫蚩尤节节败退，战争也随之南移。最后，在河北省中南部的中冀（冀州）擒住了蚩尤。黄帝乘胜追击，直到山东曲阜捣毁蚩尤巢穴，大获全胜。

黄帝大战蚩尤，3 年内 100 多场战争角逐，经过了哪些地方呢？这是本文考证的重点。蚩尤北侵，行动神速，率精兵 3000 抄小路先抵固城西易水旁涿鹿大地扎营，随后大军会合，准备攻打釜山。涿鹿之地在何处？《史记·集解》引服虔曰："涿鹿，在涿郡。"东汉班固等著《白虎通义》云："擒杀蚩尤于涿鹿。"其引注："涿音卓，今直隶涿县。"明朝《历代通鉴纂要》说："神农氏衰，诸侯相侵伐，轩辕修德治兵，擒杀蚩尤于涿鹿。"其注云："涿鹿乃今涿州。"又《河北文史集萃·风物卷》中王畅在《涿州觅古》中述："《史记》所指涿鹿之阿是指涿水下游的平原地带，今涿州市一带，而不是指今天的涿鹿县。"因此，涿鹿大战发生在涿州以南定兴县固城镇（古范阳址）以西、南易水以东的大平川地带。因黄帝与蚩尤交战初期在涿鹿，故《史记》中统称涿鹿大战。

蚩尤大军压境，黄帝已明确指出，这场殊死的大决战是不可避免了。黄帝组织兵力，在釜山东面涿鹿地带与蚩尤交战。交战初期，黄帝是应战，并不占优势，"习用干戈"的黄帝"乃征师诸侯"参战，集结了大于蚩尤的军事力量投入战场，扭转了战局，杀得蚩尤节节败退。蚩尤南逃到清苑，决定南下邢邑（今邢台市），准备组织兵力再战。蚩尤部尚未到邢邑，就遭到平山、灵寿黄帝联军的堵截。

蚩尤又率部北返，行至高阳、博野潴龙河两岸，黄帝主力截杀过来，蚩尤难以招架，又向河北东南方向移军，有退回山东老巢的意向。黄帝早已料到蚩尤取胜无望要逃回山东，于是率军紧追不舍，并且兵分两路围剿堵截蚩尤。一路自束鹿（辛集）向东布阵，另一路向南，陈兵新河、南宫、平乡之北，大营扎在巨鹿，将蚩尤军队的主力包围在中冀左右的窄小地带。黄帝下令合拢攻击，蚩尤左冲右挡，身负重伤，终在中冀被擒。黄帝大军又追杀蚩尤残部直到曲阜，捣毁蚩尤巢穴，黄帝获胜。对蚩尤行刑，名其地曰“绝辔之野”，以五马分尸，车裂荒郊。据《史记·五帝本纪·集解》引《皇览》曰：“蚩尤身埋于山东东平郡寿张县阚乡城中，肩髀埋在山阳郡巨野县重聚。”蚩尤头，黄帝以胜利的象征携回营地，埋于古范阳郡西、徐水瀑河旁的牟山土丘上，至今坟丘犹存。

这场战争持续了三年，从涿鹿开始，直打到中冀蚩尤大败，所经战场路线中的州、县、邑镇的考证，正与王大有先生的《三皇五帝时代》中“中冀决战，蚩尤被擒杀栾台绳绝”所阐观点吻合。

黄帝战胜蚩尤的历史情况分析

《史记·五帝本纪》记载“蚩尤作乱，不用帝命，于是黄帝乃征师诸侯，与蚩尤战于涿鹿之野，遂擒杀蚩尤”，试想当时蚩尤九黎族以山东曲阜为中心占据的地盘相当大，而且人数较众，号称战神的蚩尤又首先以铜器为武器，为什么竟被轩辕打败?

这还得从九黎族蚩尤发迹说起。蚩尤部落原兴起于黄河中下游，今河南地面上。他首先以青铜做斧钺而用于战争。如《管子·地数篇》中说：蚩尤在葛卢山发现铜矿的当年兼并了 9 个诸侯，在雍狐山发现铜矿的当年，又兼并了 12 个诸侯。接着，蚩尤向山东曲阜的少昊发起进攻，占领了山东，成为以山东曲阜为中心黄河下游最强大的部落。与此同时，他时时向盘踞在山东、河北交界处的炎帝进攻，抢占了炎帝不少地方。雄心勃勃的蚩尤吞并华夏中原大地的欲望越来越强烈，于是组织了号称 81 个兄弟的族民，亲率 3000 精兵直插黄帝大本营釜山东南的易水（见王大有著《三皇五帝时代》第 223 页），在涿鹿沃野集结队伍，伺机攻打黄帝。黄帝和蚩尤在釜山东面广阔的平原——涿鹿沃野开战，3 年内共打了 100 多场仗，从清苑向南过数十个县，到中冀（今冀州区）擒杀蚩尤。

战争初期，黄帝是应战，处于劣势。正如《鹖冠子·世兵》中说："黄帝百战，蚩尤七十二胜。"《黄帝玄女战法》亦云："黄帝与蚩尤三年九战而城不下。"这说明蚩尤确实是黄帝的劲敌。然而，战争的结果是黄帝"乃征师诸侯"，在中冀擒杀了蚩尤。试想，古代部落或集团之间的战争虽无正义与非正义之分，但胜者成王、败则为贼也是事实。人们可以推想，拥有强大部落集团、能征善战且有战神之称的蚩尤，而战争的结果是黄帝打败了蚩尤，兼并融合了各大部族，并且追逐其几股残部南逃浙江及四川、云贵边陲另辟生地。分析这些历史情况，黄帝能打败蚩尤是由当时的社会历史发展情况决定的。

其一，推动历史文明发展的集团，将主宰社会成为社会的主人。黄帝、炎帝、蚩尤几大部落集团并存时，由于炎、黄两大部落的融合，其部落率先由渔猎采集时代步入渔猎采集兼动物驯化配以农耕的时代，比单纯的渔猎采集时代社会先进了一大步，迈上社会发展的一个新的台阶。《史记·五帝本纪》中云："轩辕乃修德振兵，治五气，艺五种，抚万民，度四方，教熊罴貔貅貙虎。"其中，"治五气，艺五种"，在炎帝、黄帝引导下，是典型的教民按季节种植五谷的方法，使其部落率先进入农耕时代。因初期农耕收获极少的现实，他还驯化畜禽以补充生活所需之不足。"抚万民，度四方"亦可理解为除本族内实行农耕外，还影响到邻近友好部落，他们纷纷效仿。而貌似强大的蚩尤部仍在推行渔猎采集时代的生产方式，食物不能一直靠争抢掠夺来解决，其社会进化程度比黄帝落后一个时代。先进的社会集团（部落或诸侯）必将成为社会发展的主宰者。这是黄帝战胜蚩尤的历史条件，更是历史必然趋势。

其二，德行的教化在古代发挥着团结一切势力的重要作用。《史记》明确记载了“轩辕乃修德振兵，……抚万民，度四方”。用先进的生产力推动社会发展，以友善和睦相处促各部落的进步。尤其是黄帝与炎帝的阪泉之战，不是消灭对方，而是握手言和，对周围部落的影响和震动很大。他们看到黄帝仁爱，便纷纷表示拥护和宾从，都愿拜在黄帝麾下，此时有相当数量的部落与黄帝形成了友好联盟。因此，当蚩尤侵犯时，黄帝能顺利征师诸侯与蚩尤抗衡，众多部族积极参战攻打蚩尤，这表明黄帝是有基础的，有相当大的号召力的。虽蚩尤来犯，黄帝初战不利，但当黄帝征师诸侯参战后，大的联军形成，转败为胜，遂打败了蚩尤。因蚩尤平时对其他部落的掠夺和杀戮已遭众部族痛恨，得道者多助，失道者寡助，是社会发展中的规律，蚩尤貌似强大，失道者焉能不败乎？

其三，蚩尤率 81 个兄弟远离山东老巢，为远征且无援军的作战，这犯了兵家之大忌。后备兵源不能补充，人员随多次的战争伤亡惨重，兵力锐减，战斗力越来越弱。这是蚩尤必败的致命原因。当黄帝庞大的联军参战后，将蚩尤包围在中冀，蚩尤是腹背受敌，可谓四面楚歌，黄帝乃以逸待劳，实现了瓮中捉鳖，遂擒杀蚩尤于中冀。

其四，军需的供给不足也是蚩尤必败的一个原因。一个处于渔猎采集时代的蚩尤部落，远征作战，军需是战争最重要的保障。蚩尤一路杀到釜山周围，是靠沿路掠夺来维持庞大军团生活之必需的。开战后，为保障军需，蚩尤得从军队中抽出相当数量的族民去渔猎和采集。食物的不足锐减了蚩尤的战斗力，在家门口作战的黄帝及其联军，以及进入农耕时代的族群，生活用品较前者要充足得多。

总之，这场部落间的殊死决战，黄帝占据着天时、地利、人和等诸多有利条件，使黄帝最终打败了蚩尤。当然还有很多不利于蚩尤远征进犯黄帝的作战因素，以上四点足够说明问题了。

釜山上黄帝合符残碑年代考

2008 年 9 月 18 日，河北省文物考古队进驻徐水釜山，开始对已坍塌的轩辕黄帝庙遗址进行考古挖掘。因釜山上的黄帝庙宇曾有 11 次重修或改建，故坍塌的庙基堆积碎石、烂瓦、泥土有 1 米多厚。在清理庙基时，在 1 米以下的乱石堆中发现一块残碑，长 29.5 厘米，宽 17.5 厘米，残碑片最厚处 14 厘米，上仅存高 2.2 厘米、宽 2 厘米的 25 个字的碑文，上刻“黄帝时，诸侯合符即此”，这再次证明黄帝合符确在徐水釜山。

其又是哪个朝代修庙时残存的碑片呢？就我们所掌握的历代王朝修葺釜山黄帝庙的情况，自公元前 2107 年舜帝第一次修黄帝庙后，史书记载汉、隋、唐、宋、辽、明、清共有 11 次修庙记录。其中，明朝有 3 次（嘉靖二十五年一次，万历元年一次，崇祯十三年一次），清朝有 3 次（雍正十二年一次，乾隆十三年一次，光绪十一年一次）。这六次都有史料记载，这块残碑片应产生于明清以前，辨其字为柳赵混体，基本给我们划定了年代的上限，是南宋以后的遗碑残片。柳体字乃中唐柳公权（778—865 年）所创。柳公权，字诚悬，京兆华原（今陕西省铜川市耀州区）人，官至太子少卿。他初学王羲之字体，遍阅历代笔法，又得力于欧阳询、颜真卿，书法骨力遒健、结构劲紧，自成一体。其书法因骨架刚劲、遒健、飘逸，人称柳体字。赵体系元代书画家赵孟頫（1254—1322 年）所创。赵孟頫，字子昂，亦习王羲之、王献之父子之字体而创立自己的书法风格，以字体浑厚、结构匀称为特色，人称其书法为赵体。其以书法成名，官至翰林学士承旨之时，元朝书法界多吸取柳字骨架刚劲遒健飘逸之笔法并融入赵体浑厚匀称之结构笔锋，而以混合书体出现。残碑片中的字体以柳赵混体出现，明清两代所竖之碑皆有记述，非明清时代的残碑，所以残碑片乃辽代遗物。

2008 年 5 月 30 日，釜山文化研究会人员从釜山旧庙基遗址 1 米之下挖掘、清理出众多碎瓦当、陶俑遗物，经保定市收藏学会副主席吴磬军先生鉴定，乃宋辽时期建庙时的残留物，也证明上面的残碑是辽代建庙后毁掉的残碑。其产生年代为 1322—1368 年，距今至少 650 多年。通过残碑片，也可充分证明从汉至辽徐水釜山确是黄帝合符之地，是中华文明的摇篮。

残碑片

釜山上黄帝庙宇修建及其变迁考

徐水的釜山，乃中国的圣山，是中华民族大一统开端之所在，是开创中华5000多年文明史的奠基之地，是华夏民族的发祥地。釜山黄帝合符是中华民族大融合之始的写照，是一面普世文明的旗帜。釜山黄帝合符开创了中国历史的新纪元，可谓中华5000多年文明从釜山走来。中华人文始祖黄帝创业的基地在徐水釜山，其受到历代王朝的尊崇，釜山成为祭祖朝圣之所。后来的历代王朝对人文祖庙——黄帝庙都有修建。

釜山上建祭祀黄帝的庙宇始于黄帝九世孙、五帝之末的舜帝(重华)。他继帝位后的公元前2107年，由于生产力水平所限，初建之黄帝庙十分简陋，是用石块以干打垒的方法垒墙，木棍网架，柴草覆顶，建成坐东朝西一大间庙宇（五帝时期称东为上，到夏商时方以北为上）。这也是中华大地上出现的第一座庙宇，后来成为祭祀人文始祖的圣地，这里仍存先商时期在釜山上祭祖的遗物。汉朝以后，对人文始祖黄帝更加尊崇。如《炎黄汇典》所载：“汉武帝后以祭奠黄帝者最为盛典。此后，历代王朝祭祀黄帝为祖先。”釜山上黄帝庙依据《炎黄汇典·保定府志》及明清时期的《安肃县志》中的记述，因山火、雷击曾多次被损，又多次重修。公元前 133 年，汉武帝北逐匈奴胜利班师路过釜山，见人文始祖庙坍塌，故予以修建。据《名胜志》所载：“公元 607 年，隋炀帝东征高丽回师，路过徐水大王店时，因随军出征中的一位妃子名班姬死在釜山前大王店镇，于是选址釜山南 3 千米处的小山造妃子陵寝，后改称班姬山。趁修妃子陵寝，又修釜山黄帝庙宇。”648 年，唐太宗李世民东征高丽胜利归来，游历釜山，见黄帝庙遭山火烧毁，于是予以重修。宋辽时期，遗留在釜山上的残碑碑文“黄帝时，诸侯合符即此”更说明了黄帝庙曾被修葺。明嘉靖二十五年（1546 年）重修了一次。明万历元年（1573 年）又重修一次，并且改称“泰山圣母行宫庙”，原因是万历登基时年幼，不便远行山东泰山封禅，因釜山乃是黄帝庙址，是圣地，于是修成泰山圣母行宫庙，以登釜山封禅告天。明崇祯十三年（1640 年）重修一次。清乾隆十三年（1748 年）重修一次，以泰山圣母行宫庙为基，其残碑载《重修泰山圣母行宫碑记》，至今犹存。清光绪十一年（1885 年）又修一次。清光绪二十六年（1900 年）遭山火焚毁，现仅存断壁残垣。

明朝万历以前，釜山上的庙始终是轩辕黄帝庙。万历皇帝登基以后，才改成泰山圣母行宫庙。为什么将轩辕黄帝庙修成了泰山圣母行宫庙？这还得从万历皇帝登基说起。1573 年，明穆宗（朱载垕）晏驾，其子朱翊钧（即万历皇帝）年仅 3 岁。当时，李娘娘之父李阁老把持朝政，想借机篡位，朝内一片混乱，在徐延昭、杨波两位忠臣的保护下，年幼的太子朱翊钧登了基（见京剧《二进宫》或《大保国》剧目）。小皇帝成为至尊后，因年幼，不便出宫远行登泰山封禅告天，于是选就近的名山修泰山行宫，代替登泰山封禅。因釜山是黄帝合符之处，又是历代祭祀黄帝的名山，于是选定了釜山修建泰山圣母行宫庙，登釜山如登泰山而封禅。

明万历时，在釜山上建圣母行宫庙为什么能代表泰山呢？圣母又是指的谁呢？这还得追溯到黄帝时期。据《玉女考》《瑶池记》的记载，“黄帝建岱岳观时，曾经预先派七位女子，云冠羽衣，前往泰山以迎西昆真人。玉女乃七女中的修道成仙者，后为泰山女神。”明朝王之纲的《玉女传》亦云：“泰山玉女者，天仙神女也。黄帝时始见，汉明帝时再见焉。”为祭祀泰山神女，汉代人还在泰山顶上雕刻了神女像，修建了玉女池，并且建庙祭祀。五代时，玉女庙堂倾塌，玉女也沦落于山顶玉女池中。再据《泰山岱庙》记载，“到宋真宗东封泰山，还次御帐在玉女池中洗手，一石人浮出水面，此乃玉女。宋真宗于是下令，疏浚该池，用白玉重雕玉女神像，建祠名为‘昭真祠’，遣使致祭，号为‘圣帝之女’，封‘天仙玉女碧霞元君’”。这就是人们常说的泰山老母、泰山女神、泰山圣母。釜山上所建泰山圣母行宫庙就是碧霞元君行宫庙。只有泰山圣母——碧霞元君才能代表泰山。明万历年间及清乾隆年间在釜山上重修泰山圣母行宫，皆指碧霞元君圣母行宫。相传，碧霞元君能保江山稳固、人间平安、五谷丰登。正如明朝锡爵的《东岳碧霞宫碑》所载：“元君能为众生造福如其愿，贫者愿富，疾者愿安，耕者愿岁，贾者愿息，祈生者愿年，未子者愿子嗣，子为亲愿，弟为兄愿，亲戚交厚，靡不想交愿，而神亦靡诚弗应。”因此，将釜山上的黄帝庙改建成泰山圣母行宫庙后，釜山成了双冠圣地，香火也随之更加旺盛。每年农历三月初一在祭奠人文始祖黄帝的同时，人们也向圣母祈求庇护，保平安，赐福祉，求子嗣。

自 2008 年 9 月 18 日开始，河北省文物研究所考古队对釜山古庙遗址进行考古挖掘，因历史上釜山庙宇曾有多次修建，最上层所见残碑乃乾隆十三年重修泰山圣母行宫碑，故考古挖掘结束后形成了《保定市徐水县釜山圣母庙遗址（古庙）考古试掘工作报告》。但在实际挖掘中，在几米厚的遗址中分层出土的文物极其丰富且朝代久远，并且衔接不断。其上层有明清时期的残碑数块，还出土了宋辽时期建庙所立之碑的残碑。往下清理又出土了唐代建庙时屋脊装饰用的彩陶俑和六兽，又向下清理出土了先商时期祭祀黄帝时遗留的绳纹器皿或断弦绳纹陶片。河北省文物研究所考古队对釜山古庙遗址的挖掘，证明自舜帝首次建庙后，自夏、商、周、秦、汉、唐、宋、辽至明、清，历代对釜山合符圣地黄帝庙的修建、祭祀活动与历史史料记载的脉络是相吻合的。

古涿鹿之考与黄帝都邑的变迁

中国号称有5000多年的文明史。汉武帝时，伟大的史学家、思想家司马迁撰写的《史记》就是从五帝开始记事的。在浩瀚的史书中，《史记》是真正显示人类精神力量和文化根基的绝世经典巨著，是后世人研究前人行踪的依据，是世界公认的中国正史。但在后世的研究中，因地名混淆、历史错位，导致历史事件的发生地和事态的演变出现很大的出入，如涿鹿之战中涿鹿就有多个地点。在《史记·五帝本纪》中，“蚩尤作乱，不用帝命。于是黄帝乃征师诸侯，与蚩尤战于涿鹿之野，遂擒蚩尤”，以及“北逐荤粥，合符釜山，而邑于涿鹿之阿”。其涿鹿究竟在何处呢？偌大的华北，多处言自己就是涿鹿，并且把黄帝在涿鹿大战蚩尤或邑于涿鹿之阿描述得绘声绘色，煞有其事，让初读者不得不信。治史严谨的司马迁在接替其父司马谈续写《史记》前，周游了全国各地，遍知各地名胜古迹，又熟知历史演变过程的来龙去脉，绝没有多处涿鹿，这点是肯定的。敝人查历史古籍百种，大悟，司马迁《史记》中所指的涿鹿，乃今之涿州是也，今简摘古籍中对涿鹿的解释，以正其宗。

古涿鹿乃今之涿州是也。裴骃在《史记集解》中曰：“涿鹿，山名，在涿郡。”

涿郡在何处？

《辞海》（缩印本，第 961 页）对涿郡的注解：“汉高祖时置，治所在涿县，今属河北。”

东汉班固著《白虎通义》云：“擒杀蚩尤于涿鹿。”其引注：“涿音卓，今直隶涿县。”

北宋乐史编著《太平寰宇记》说：“涿州，古涿鹿之地，《史记》黄帝与蚩尤战于涿鹿之野，即此也。”

明朝《历代通鉴纂要》云：“神农氏衰，诸侯相侵伐。轩辕修德治兵，擒杀蚩尤于涿鹿。”其注云：“今涿州。”

明制《广舆图》标：“涿鹿即涿州。”

《后土宝卷》云：“轩辕氏领华族转战中原河北，据后土（易县）称帝，会诸侯于釜山之阳，战蚩尤于涿鹿之野。黄土坡大捷，尽收黎蛮，遂收涿鹿。古涿鹿即今之涿州，非指现在的涿鹿县。”又接述：“领督亢，即指涿州以东以南等大片沃野。”

《史记·刺客列传》言：“督亢即指燕国东南涿州一带地方。”

清朝郭袁恒纂辑《历代帝都考》言：“帝王应天王立极，必有建都之所。黄帝生轩辕之丘，都涿鹿。”其注云：“涿鹿乃顺天府南涿州。”顺天府指今之北京。

清末民初史学家夏曾佑著《中国古代史》讲：“黄帝与炎帝战于阪泉，三战，然后得其志。”其注云：“涿鹿，今直隶涿州，阪泉在今涿州城东南。”

在《河北文史集萃·风物卷》中，王畅的《涿州觅古》一文讲：

“《史记》所指涿鹿之阿，是指涿水下游附近的平原地带，今涿州市一带，而不是指今天的涿鹿县。”

在古代诗文中，不论是帝王将相、文人墨客，其吟诗作赋都称涿州为古之涿鹿。

唐代诗人胡曾游涿州，作七言绝句《咏涿鹿》：“涿鹿茫茫白草秋，轩辕曾此破蚩尤。丹霞遥映祠前水，疑是成川血尚流。”

南宋文天祥任右丞相之职，元灭宋后，在广东被俘，在解往大都（今北京）途经徐水遂城（遂州）及大都南涿州时，见祖国大好河山全部沦陷，百感交集，发国亡山河破、忧国忧民之感，重点描述了徐水、遂城、涿州在古时的军事战略位置和重大历史事件。他在《保州道中》诗言：“宋辽旧分界，燕赵古战场。蚩尤乱涿野，共工谪幽邦。郭隗致乐毅，荆轲携舞阳……”又在《涿鹿》中云：“我瞻涿鹿郡，古来战蚩尤。黄帝此立极，玉帛朝诸侯……”

清朝诗人陈璋到涿州作五言律诗《过张桓侯故里》：“汉鼎三分日，桓侯战伐高。心犹轻马赵，气已夺孙曹。卤莽生何惜，精灵死亦豪。英风留涿鹿，不剪旧蓬蒿。不填故实，自是桓侯，移壮缪不得。”

清朝乾隆皇帝是一个精通历史又对各地名胜、风土、人情颇为了解的一代明君。他曾多次出京南巡，第一站就是京南涿郡。他熟知涿州古代曾出现黄帝建都之事，以及汉昭烈帝刘备、宋太祖赵匡胤及郦道元等名人，故写下了七言律诗《涿鹿觅古》：“燕云易水带晴川，涿鹿城南弹客鞭。村指楼桑闻胜碣，河流挟活始通船。道元故宅询遗老，子幹荒虚霭暮烟。省识同然公道在，千秋名胜以人传。”

明代魏允中的《九日陪王郡判登涿州智度寺塔》云：“悲风涿鹿散吹笳，宝刹凌空贮法华。杖履天人穿石磴，楼台畿甸俯千家。登高兴好难逢菊，怀土愁深已及瓜。最是大夫能作赋，山川摇落不须嗟。”

清代李鸿章在《重修涿州永济桥碑记》中说：“涿鹿为畿南第一州。”

清末民初诗人樊山在《咏傅作义守涿州》诗中有“新收涿鹿七千人”之句……

综上所考，古时涿鹿乃指今之涿州也。为什么后来很多地方言自己也有涿鹿呢？这不难理解，古代人文古迹乃是推动当今社会旅游业发展的一大支撑，不是就有很多地方抢历史名人吗？大都是根据司马迁《史记·五帝本纪》中望文生义、因义成史、因史成名、因名得利而已！

关于黄帝都邑的变迁，《史记·五帝本纪》云：“（黄帝）北逐荤粥，合符于釜山，而邑于涿鹿之阿。”古涿鹿乃今之涿州已考定案，但黄帝釜山合符后，都邑初建非在此处。首建都是在原徐水县北边的易县鹿砦，即现在的易县后土山处，正如《后土宝卷·谛祖经》所载：“黄帝领华族转战中原河北，据后土山称帝，名涿鹿邑。”这是黄帝第一次在北方建都邑。因当时生产条件所限，仅以插木垒石为墙修建城池，故亦称鹿砦。随着生产力的发展，为便于国家的治理和发展，黄帝将都邑南迁至范水（今南易水）下游，即现在的定兴县南固城镇的西边古范阳（见《辞海》缩印本第 573 页）。《后土宝卷·谛祖经》云："我祖轩辕氏又移驾范阳为帝。"这是黄帝第二次建都。

这时，黄帝已统一了华夏各部落，开始布蚕桑、兴农艺、造舟船、建简单的屋舍而定居，为便于水陆交通，黄帝又将都邑北迁百里至拒马河中下游更广阔的临水平川，今涿州市周围。拒马河古称涿水，新建都邑仍叫涿鹿。古时，族迁名随，也有迷惑敌人的意思，即到处乃黄帝的营垒都邑。这是黄帝在北方第三次建都，也是占据时间最长的地方。黄帝后期又南迁河南的新郑。唐代李泰著《括地志》云："黄帝征战蚩尤，初都涿鹿。"宋朝欧阳忞著《舆地广记》也说："涿鹿，黄帝初都，迁有熊也。"有熊即河南新郑。这就是黄帝都邑变迁的历史过程。

黄帝家族世系考

据《中国古代史》记载，中华民族的文明史始于三皇五帝时，三皇五帝均为中华民族氏族社会时期开创中华文明史的精英或领袖人物。其中，我们对“三皇”在《釜山周围庙宇杂谈》一文中已有了交代。本文是记述五帝的划分及对黄帝家族世系的详解。五帝的划分因年代的不同，史学界其说各异，大体上有以下三种划分情况：

其一，依《世本》《大戴礼记》《史记·五帝本纪》记载，黄帝、颛顼、帝喾、唐尧、虞舜为五帝。

其二，从《礼记·月令》说，太皋（伏羲）、炎帝（神农）、黄帝、少皋、颛顼为五帝。

其三，据《尚书》《帝王世纪》云，少昊（少皋）、颛顼（高阳）、帝喾（高辛）、唐尧（放勋）、虞舜（重华）为五帝。

在浩瀚的史书典籍中，《史记》是真正显示人类精神力量和文化根基的绝世经典巨著，是后世人研究前人行迹事功的依据，所以五帝的划分以《史记》的首篇《五帝本纪》为准较恰。因此，五帝乃指黄帝、颛顼、帝喾、唐尧、虞舜五位华夏先祖。自轩辕黄帝统一华夏之后，延五帝之称至今。

五帝又是如何相继传承发展的呢？这是本篇研究的主旨，因五帝执政的时间有长短之别，即有当代或隔代相承或曰禅让。《史记·五帝本纪》云："黄帝二十五子，其得姓十四人……嫘祖为黄帝正妃，生二子，其后皆有天下。其一曰玄嚣，是为青阳。其二曰昌意。"黄帝为五帝之首，因其在位百年，故帝位未传给玄嚣或昌意，而是传给了昌意之子、黄帝之孙颛顼，此乃五帝之二。颛顼在位 78 年，崩后又传给了玄嚣之孙、颛顼之侄、黄帝的重孙高辛，曰帝喾，为五帝之三。帝喾在位 70 年，驾崩后传给其子放勋，乃玄嚣之重孙、黄帝的第五代孙，即尧帝（唐尧），为五帝之四。尧帝在位 98 年，崩后又从玄嚣支脉转传到昌意支脉，即昌意第八代孙、黄帝第九代孙重华，即舜帝（虞舜），为五帝之五。从五帝的传位或曰禅让来看，实际上都在黄帝后裔中来回继承帝位。

表 1　黄帝家族世系及执政年限表

五帝之分	帝号	约寿命（岁）	在位时间（年）	与黄帝的辈分
五帝之首	黄帝	111	100	第一代
五帝之二	颛顼	98	78	第三代
五帝之三	帝喾	105	70	第四代
五帝之四	尧帝	127	98	第五代
五帝之五	舜帝	100	50	第九代

为使读者看得更直观些，还是以下图形式列出黄帝家族世系演变的过程，在位者、不在位者及为臣者的情况就一览无余了。

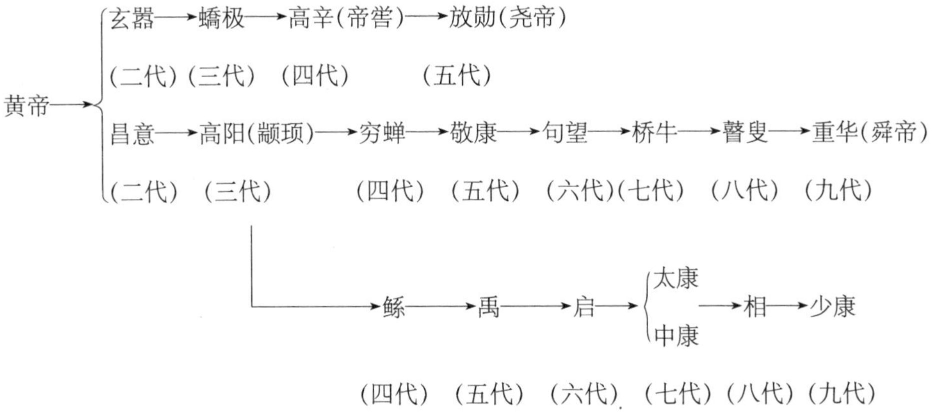

黄帝家族世系演变过程

分析上图可知，自黄帝至舜，历五帝，乃至夏禹，皆在黄帝家族人物中选任继位者，故《史记》曰：“自黄帝至舜、禹皆同姓而异国号。”《史记·夏本纪》云：“夏禹，名曰文命。禹之父曰鲧，鲧之父曰帝颛顼，颛顼之父曰昌意，昌意之父曰黄帝。禹者，黄帝之玄孙而帝颛顼之孙也。”这就与宋朝王应麟撰《三字经》之内容有悖了。《三字经》号称纲鉴性启蒙读物，内有“读诸史，考世系，……自羲农，至黄帝，号三皇，居上世，……夏传子，家天下”。其意是指中国历代王朝从夏禹开始父传子、家天下。敝人读《史记》多遍，排五帝之世系表并扩至夏禹王朝，分析从黄帝开始就是在家族内传位来继承帝位。一般我国史书研究中都言五帝时的帝位为禅让，求贤者而应天极。禅让或求贤而继帝位，应在整个部落集团中推荐，方是真正的禅让和求贤者之路，故作黄帝家族世系考以释疑。

轩辕黄帝在釜山时期对中华民族的伟大贡献

黄帝在位百年，其一生多是在战争中度过，并且绝大部分时间是在北方度过的。《史记·五帝本纪》云："天下不顺者，黄帝从而征之，平者去之，披山通道，未尝宁居。"又"北逐荤粥，合符釜山，而邑于涿鹿之阿"，即徐水釜山北边的鹿砦，涿鹿为初建都邑的寨垒。后又随着生产、生活、战争的需要，将临时都邑南迁到范水（南易水古称范水）下游，今定兴县固城镇西 10 千米徐水境内瀑河水库东，古时族迁名随，仍曰涿鹿。通过前期的三大战役（阪泉之战、涿鹿大战、北逐荤粥），黄帝统辖的范围已扩大到大半个中国。随着政治的需要，将都邑又向东北方广阔的平原上迁移，迁至拒马河下游今涿州一带，仍曰涿鹿邑。轩辕黄帝南征北战，略地扩疆，戎马一生，绝大部分时间是在北方度过的。黄帝一统华夏的后期，为政治指挥上的便利，遂将都邑南迁到灵宝，铸鼎后很快结束了一生，升天而去。黄帝在北方的活动时间最长，达半个多世纪，也是对推进中华民族文明发展贡献最大的时期。其归纳起来有以下三大方面：

一、略地扩疆，使华夏民族统一是其最大的贡献之一

黄帝初以釜山为营垒时，运作实施了三大战役，使华夏数以万计的部族（诸侯）——地方割据势力都统一在他的麾下。地域之广，正如《史记·五帝本纪》中所述的“东至于海，登丸山，及岱宗。西至于空桐，登鸡头。南至于江，登熊、湘。北逐荤粥，合符釜山，而邑于涿鹿之阿”，使华北、华中、华南、西南、西北统归黄帝管辖，给华夏众多民族的统一及中国的形成奠定了基础。

二、建立初级的国家运行机制

黄帝在“釜山合符”以后，华夏众多诸侯臣服于他，“咸尊轩辕为天子，代神农氏，是为黄帝”，轩辕黄帝从此登上了最高的权力宝座。随着权力的巩固，黄帝又开始建章立制，科学治理这个上万诸侯大联盟的国家，这就是初级国家统治制度的出现。黄帝为军事、政治、意识形态上的思想统一，生活、生产发展上的需要，制定了一套治理国家的制度及机构。正如《史记·五帝本纪》中所说：“以师兵为营卫。官名皆以云命，为云师。置左右大监，监于万国。万国和，而鬼神山川封禅与为多焉。获宝鼎，迎日推策。举风后、力牧、常先、大鸿以治民。顺天地之纪，幽明之占，死生之说，存亡之难。时播百谷草木，淳化鸟兽虫蛾，旁罗日月、星辰、水波、土石、金玉，劳勤心力耳目，节用水火材物。有土德之瑞，故号黄帝。”时，天下大治。始弃洞穴山居而迁徙于平川生存。于是，命容城造历；命隶首作算数；命伶伦造律吕；命宁封为陶正、赤将为木

正，以利器用；命正鼓为舟楫，以通河渠；命元妃嫘祖教民养蚕，脱兽皮树叶而裹衣。黄帝得千里万区，一统天下，华夏兴盛。黄帝在位百年，数代相传中华民族炎黄子孙自此开始，延至今日，其功至伟。

三、黄帝在釜山时期推进人类文明的重大发明创造

（一）黄帝始做衣裳

黄帝命元妃嫘祖教民养蚕，抽丝为帛。班固著《汉书》云："上古衣毛而帽皮，后黄帝易之，以丝麻为布帛成衣。"《古今事物考》中讲"黄帝始用布帛"，并且根据乌羽之五彩，取草木为染料，使衣成各色，均始于黄帝。查考中国蚕桑史可知，养蚕始于北方的易县，后传到南方。新中国成立后，河北省林业厅还在易县设蚕丝生产技术指导站。

（二）黄帝发明熟食及多类炊具

自黄帝时开始，人们改变了生食习惯。黄帝命嫘祖、嫫母率女人采集野粟、割裂兽肉煮蒸而食，发明了粥、饭及兽肉热食的方法。如《周书》云："黄帝始燔肉为炙。"蒸煮食物的釜、甑相继产生了。黄帝命宁封为陶正，制釜、甑及盘、碗等用具，并且改手抓食以细木为箸，像《古今事物考》《淮南子》《物原》等诸书中均有详载明列，当时人类的生活文明大大提高。

（三）黄帝在釜山时期发明酿酒术

侯云章、王宏宾合编的《中华酒典》中说："中国是酒的故乡，早在三皇五帝时，我们就会造酒了。"不错，正是五帝之首——黄帝

时，炎帝义女、嫘祖侍女凤鸟在釜山山洞内因存放煮熟的谷物剩饭自然发酵产生了酒。釜山合符时，黄帝以此大宴诸侯。

（四）黄帝时始造屋

黄帝时，改山野洞穴而筑屋舍来居。黄帝之前无屋，人与兽同域，各选深窟居住，与兽无异。黄帝平定天下后，从浅山迁徙到平川生活，教民伐木建宫室而住，以避寒暑，此即造屋之始也。后为议事方便，遂造出更大的广厦华堂，一作祀上帝之所，二作议事之所，后演变成宫殿。祭祀天地祖人，也始于黄帝之时。

（五）黄帝发明指南车，在大战蚩尤时发挥了巨大作用

据宋朝刘恕撰《通鉴外纪》记载，蚩尤为大雾，使黄帝士卒迷失方向，而黄帝用指南车以示四方，使士卒摆脱蚩尤而仍能接战，终败蚩尤。

（六）黄帝教族民驯兽及饲养禽类

《史记·五帝本纪》云“黄帝乃修德振兵，……教熊罴貔貅貙虎，以与炎帝战于阪泉之野。三战，然后得其志。……淳化鸟兽虫蛾”，以补充生活所需之不足。而饲养家禽家畜始于北方。

（七）黄帝时期发明船只以济川河渠之通

黄帝命工鼓为舟楫，刳木为舟，剡木为楫，使川河相通，从此开辟了水上交通事业。

（八）黄帝时发明了音律

黄帝命伶伦作律吕。伶伦用竹管而鸣，出百鸟之鸣音，此音乐之始。釜山及其周边的古音乐会由此传承而来。

（九）黄帝时期始发明弓箭而首用于战争

《史记·五帝本纪》云：“轩辕乃习用干戈，以征而享。”黄帝以武力争战而登上天子至尊宝座，军事上首先使用弓箭，远距离射杀敌人，正如《周易·系辞》云：“黄帝作弧矢以威天。”《世本》云：“黄帝命挥作弓，夷牟作矢。”《路史》说：“命挥作盖弓，夷牟造矢，以备四方。”

（十）农耕始于黄帝时

从洞穴迁徙至平川后，黄帝教民农耕，《史记·五帝本纪》云：“（黄帝）治五气，艺五种，抚万民，度四方，……时播百谷草木。”这是对我国农耕之始的记述。

中华人文始祖黄帝的一生是戎马战斗的一生，他统一了华夏各部族。众多民族的统一始自上古时代——黄帝时期。他在釜山周围的活动时间最长，达半个多世纪，所以他在北方之时对人类文明的推进贡献也最大，本文仅摘主要成就而记。

华夏诸多蚩尤坟解析

据《史记》所载，蚩尤部落的形成最初是在黄河中下游的今河南省地带，后又东扩到山东地界并在曲阜建都。孙作云著《蚩尤考》中云："早发迹于河南鲁山的滍水一带。"又据《逸周书·尝麦解》记载，蚩尤举族东迁到山东，攻少昊而建都曲阜。蚩尤是黄河中下游地区一个较强大的部落集团，他是与炎、黄二帝同期的华夏几大民族首领中的一个，其族称九黎族。在中国社会文明发展史上，他首先发明了冶铜技术，最早以青铜造刀戟应用于战争，以英勇善战著称。据《管子·地数》记载，蚩尤在葛卢山和雍狐山发现了铜矿，而制为剑、铠、矛、戟，两年内兼并了 21 个小的部落，后扩大到 81 个部落。这就是史书上所说的蚩尤的 81 个兄弟。由此可见，蚩尤部落尚处于母系氏族社会向父系氏族社会过渡的时期。后因蚩尤不受帝命，侵黄帝辖地，遂发生了战事，最后蚩尤战败被杀。正如《史记·五帝本纪》中所载："蚩尤作乱，不用帝命。黄帝乃征师诸侯，与蚩尤战于涿鹿之野，遂擒杀蚩尤。"蚩尤作为战败者，被诛杀解体而弃埋。

蚩尤被埋于何处？华夏有多个蚩尤坟。今徐水境内的牟山有蚩尤坟，涿州市有蚩尤坟，京西北涿鹿县有蚩尤坟，山东省的东平县、巨野县各有个蚩尤坟，山西省晋南运城有个蚩尤坟。华夏诸多蚩尤坟，按当地的传说都有一定的根据，但从史书记载和黄帝大战蚩尤的战场范围分析，徐水的牟山、涿州城西、山东的东平和巨野的蚩尤坟还是有较强的史料依据的。为寻找蚩尤坟的实处，还得从黄帝大战蚩尤的战事路线说起。

黄帝大战蚩尤，并非一战而定胜负，经过了多次艰苦鏖战，最后黄帝用谋打败了蚩尤。《鹖冠子·世兵》中云："黄帝百战，蚩尤七十二胜。"又据《黄帝玄女战法》中说："黄帝与蚩尤九战九不胜。"杜佑著《通典·乐典》中也说："黄帝与蚩尤三年九战而城不下。"从史料分析，交战初期，黄帝在战势上并非处于优势，经过了长期多次的战斗，黄帝用谋由劣势转为优势才战胜了蚩尤。正如《史记·五帝本纪》中云"黄帝乃征师诸侯"，也就是黄帝后来联合调集了很多部落的人马，形成了更大的作战兵团才打败了蚩尤。这次大战是蚩尤"不受帝命"而北侵引发的战争，战争初期在太行山北部的山前与平原接壤地带双方彼此相逐。随着战事的发展，黄帝用"征师诸侯"的谋略集结了大于蚩尤部落集团的兵力，在军事上由劣势变为优势，逼使蚩尤 81 个部落集团兵节节败退，黄帝最后在河北省中南部——中冀，即现今的冀州一带擒杀蚩尤。《孔子三朝记》云："黄帝……杀之（蚩尤）于中冀。"

黄帝斩杀蚩尤时，对蚩尤行刑，名其地曰"绝辔之野"，以五马分尸，车裂荒郊。然蚩尤的尸体埋于何处？《史记·五帝本纪·集解》引《皇览》曰："蚩尤冢在东平郡寿张县阚乡城中……肩髀冢在山阳郡巨野县重聚。”因对其“五马分尸”，故蚩尤肢、体、身、首埋于异处。黄帝以蚩尤的人头作为胜利的象征携回了营地，埋在第二个营地的西侧——古范阳郡西，今定兴县南固城镇西的徐水瀑河水库旁边的牟山土丘上。

为什么将蚩尤埋在都邑营地之西呢？古时称东为上、西为下，寓意将蚩尤踩在天子脚下，永世不得翻身。这就是北方的第一座蚩尤坟。自从埋了蚩尤的人头后，当地从古至今流传着蚩尤坟闹鬼之说。传说此处自埋蚩尤头后，其上堆筑的土山渐渐变赤，色泽越来越深，当地改称为红土山。此外，每当夜半之时，坟内发出如牛吼叫的“哞哞”之声，当地人畏惧，在土山上修了一座小庙以示镇压，名“红土山庙”，后来还形成了“红土山庙会”。因蚩尤部落的图腾为牛，为求坟内夜半不再发出牛吼之声，周围村改称“大牟山”“小牟山”，哞字无口自不会再叫。

蚩尤被灭后，华夏初步形成统一，黄帝在修德治理国家及兴农艺、蚕桑发展生产的同时，还造舟船开拓水上交通事业。黄帝为生产、生活和军事、政治的需要，又将古范阳处的都邑稍北迁百里至涿水下游今涿州地带，因族迁名随，仍沿用涿鹿之名。黄帝的劲敌蚩尤败落，其残部大部分追随了黄帝，一小部向东南迁至江苏、安徽以南，另一小部分向云南、贵州方向求生。为防蚩尤残部东山再起，随迁都又将蚩尤头骨部分迁至涿郡城西墙脚掩埋，寓意将蚩尤踩于天子脚下，永世不得翻身。这就是涿州城西墙角蚩尤坟的来历。《河北文史集粹·风物卷》中王畅所著《涿州觅古》中亦持这个观点。

黄帝大战蚩尤，这场华夏民族间的大战，是从太行山北部的华北大平原之北端开始的，战场逐步南移，直打到河北中南部冀州一带而擒杀蚩尤，最后追蚩尤残部至山东曲阜——蚩尤的巢穴而告捷。这在诸多史料上有记载和表述。因此，北方徐水、涿州两处蚩尤坟及山东东平、巨野两处蚩尤坟是有史可查而可信的。至于别处诸多蚩尤坟是不是随黄帝庙的兴建相衬而设，也是很有可能的。

釜山崖刻的鉴赏与分析

釜山的悬崖上有22个大小不等、深浅不同的洞窟，其中至今都保留着似字而非字、似虫又非虫、似鸟又非鸟、像人形又不是人形的各种崖刻。童年时，我经常约伴登山玩耍，入洞观看这些奇妙的符号。成年后，在工作之余又屡登釜山，瞻仰黄帝合符台、黄帝庙及庙前竖立的大碑，收集了大量有关轩辕黄帝在釜山及周围流传的逸闻故事素材。釜山是黄帝统一华夏后的诸侯会盟合符处，我总认为洞内的图案崖刻是上古时代人类在釜山上生活遗留下的。1978年，我再登釜山，逐洞抄录、临摹了山上众多崖刻图像中的109个符号加以珍藏。

2008年9月，徐水县成立了釜山文化研究会，我有幸被聘为专职研究员。2008年5月19日，釜山文化研究会召开了黄河釜山文化学术研讨会，次日陪同北京考古专家、北京大学考古文博学院院长李伯谦教授等人，一同登釜山考察古遗址。在登山的路上，又多处觅得巨石上的崖刻，我们求教诸多专家。专家们现场分析崖刻的年代和刻画的内容，一致认为是上古时代人类在釜山生活的写照，那时还没有文字，这是人们观察大自然的景象、记事而留下的符号。

回来后，又将珍藏的崖刻符号与新发现的崖刻图案一并研究、鉴赏和猜想。虽然崖刻符号种类繁多，但我从中发现它有一定的规律。大体粗浅分类分析和猜测，其中有与日月星辰有关的崖刻、人体结构崖刻、花草树木崖刻、动物体态崖刻、古代人类计数崖刻、古代人们生活及生产工具崖刻、表示天气变化的崖刻、古人类狩猎劳作崖刻、当地地形方位崖刻、象形文字及甲骨文早期雏形崖刻。

我认为这些崖刻符号就是象形文字的前身。那时候，聪明的古代人类虽然尚未发明文字，但从崖刻符号内容的丰富程度足见古人类对大自然变化的观察力，对生产生活及战争的思考，其思想活跃程度和想象力是极高的，其符号表现方法也是非常科学和准确的。虽然我们后人难以捉摸先人们崖刻的全部用意和表现内容，但保留至5000多年后的今天，也算古人类给我们后人留下的宝贵财富。今将崖刻分组加以鉴赏并推测述之于后。

一、表现天体的崖刻

古代人类与我们现代人一样，头顶蓝天，脚踏大地，生活在地球上，每天看太阳东出又西落、月亮有圆有缺。根据肉眼所见的日月星辰，用形象的符号表现出来。一个圆圈中间一点代表日头，圆圈内左边一点代表日初出，正上方多一点代表中午，圆圈内右边一点代表日落。圆圈代表满月，小半圆代表新月（月牙），半个圆代表弦月，半圆形六个小点旁边加上一点代表北斗七星，如分组后图一所示。

二、表示天气变化的崖刻

古代人类生活在大自然中，对天气的自然变化日积月累，有了深刻系统的认识，用崖刻加以表示。如圆圈内加一横代表半阴半晴，圆圈内十字交叉代表满天阴云。似树木歪斜的图案表示有风。上面两横，下面一长横线，地表天地。一垂线下面一点表示降雨，下面两点代表中雨，下面三点代表天降大雨。十字交叉而带箭头表示天降大雪。三条似平行斜线代表河流。如分组后的第二图所示。

三、表示昆虫鸟兽鱼类的符号崖刻

如弯曲线条代表蛇类爬虫，一椭圆中间带点而又有弯曲小尾者代表蝌蚪。小圆圈斜横，有托一长尾，代表鸟类飞翔，头部两个小弧线相连后，带一条上翘弧线，下面配八字形两只脚，代表小鸟行进中在鸟叫。在半月形图中有二三条鳞线，尾后又分叉表示鱼类的符号。如分组后的图三。

四、代表大型动物的崖刻符号

如一个圆圈代表头部，头下一条斜曲线代表双臂，后一条长斜线代表其身，像一只跳跃的长臂猴在攀缘。如一个小圆圈代表头部，一条长长略带弯曲之线代表其长身，左右两边有足，代表着大型兽类在行走中。上面一个倒八字，下面两短线，下面垂一直线，代表牛羊类大型动物，分组后如图四所示。

五、代表花草、树木森林的崖刻

如一个断续相连的椭圆形，内有个倒八字形，下面一条短线，代表刚出土的植物、花草。上面两个小合×，下面一个大合×，代表着盛开的花草。上面一个小人字，卡面一竖，底下一横，代表孤立树木，两个则代表众多树木。如分组后图五所示。

六、人体结构型崖刻

如一大斜线配以小斜线，表示人立样。如一个人字形的上面有两个小短线，表示人抬头视物状。一个人字形上部有一个弧线，表示人举手动作，一个人字形中间一斜长线，表示人拿着木棍动作。如一竖线上部配一短横线，两端有下垂线，表示人垂手而立。如分组图六所示。

七、古人类生活用具及生产工具图形崖刻

如大 U 字形和扁 V 字形代表人民煮食物的釜类。长三角形代表石斧石刀。长线条或双线条两头合拢代表骨针、石棒。一根长棍、前端分枝，代表古人类用树枝做的防御武器。上面一个三角形，下面一垂线，是代表石标的崖刻符号，如《釜山崖刻按意分组图表》图一所示。

八、古人类狩猎劳作的崖刻符号

一个人字形，头部上扬，中间一斜线似手执长矛，如《釜山崖

刻按意分组图表》图八所示。

九、记事型崖刻符号

像一条长绳，中间结很多扣，扣的多少代表事情的多寡。也许是古人类结绳记事的初始吧！还有众多的横竖垂直线，数量的多寡代表事情的多少，如《釜山崖刻按意分组图表》图九所示。

十、釜山周边方位地图崖刻

釜山周围地形地貌图及田园耕作阡陌图如《釜山崖刻按意分组图表》图十所示。

十一、象形文及甲骨文雏形崖刻

中华民族的文字起源于象形文字，后又演变为刻在器皿及兽骨上，称甲骨文。我在釜山岩洞中共抄录了 109 个符号，如《釜山崖刻按意分组图表》图一中的日、月即象形文字的雏形；又如图二中的冰雪、流水，9—11 的符号即象形文字。在 109 个符号中，我对照韩希凯先生汇编的《甲骨文字典》，分析出 22 个甲骨文字，约占所发现符号总数的 20％。

釜山山洞中的崖刻符号，史学家们一致认为，它早于象形文，更早于甲骨文，是距今 5000 多年上古人类的遗迹，是珍贵的古老文字、记事符号，对釜山文化研究有极高的史料价值。我本人仅从鉴赏、分析、猜测得出上面浅显的说法，很难得知古人类的真实用意，愿有志于此的专家学者参与进来，共同破解这些神奇的崖刻符号。

釜山山洞内的崖刻从远古一直保留至 2008 年 5 月 20 日，因当时釜山尚未被公布为文物保护单位。5 月 20 日后的 3 天内，被当地开山采石场将山洞炸掉，造成了不可弥补的损失，成了一大遗憾。一年多来，釜山文化研究会会长一行为寻找古人类崖刻，曾多次率团和派考察组再登釜山，从多个未被破坏的山洞和大岩石上寻找古代崖刻。功夫不负有心人，2008 年 11 月 18 日，当登上釜山南面半山腰时，在当地人称老虎眼的山洞旁的一块突出耸立的巨石上，发现了虽经数千年的风侵雨蚀，依然清晰可辨的上弦月配北斗七星的崖刻，图案面积约 18 厘米见方。2009 年 2 月 22 日，我同雷永怀陪北京农业大学李志民教授再登釜山，黄帝合符台西侧的一块大石上刻有多足虫形的图案，长 14 厘米，宽 6 厘米，呈纺锤形。2009 年 5 月 20 日，釜山文化研究会正副会长率领 7 名成员，在釜山东侧半山腰洞内西洞壁突出的石脉上发现了古人类头像崖刻。而釜山西面及北面山腰处还有多个岩洞未被破坏，因这些洞窟多在悬崖峭壁之上，过于陡峭，尚未有人攀登光顾，估计岩洞中还会有古人类活动的遗存，有待今后探索挖掘。今将从 2008 年 11 月 18 日至 2009 年 5 月 20 日发现的尚存釜山崖刻加以说明。

关于三处零星崖刻的浅释：在釜山南面老虎眼处的巨石上，清晰逼真的上弦月配北斗七星崖刻图很可能是上古人类夜晚长时间观天象，见天空中的七颗星斗相聚，遂用硬石的尖峰（硅酸盐类）刻画在巨石的表面。黄帝台西侧大石头上的多足虫崖刻，是古人类在釜山上生活时，时常见到有蜿蜒爬虫出没，感到稀奇而模仿画上的。东山洞内石面的人头像崖刻，是古时人们生活在一起相互观望，久而久之，人之头部轮廓印在脑海中，闲暇无事时，便画在了石头上。这些裸露岩石上的崖刻，虽经几千年的风吹、日晒、雨淋，刻痕已比洞内崖刻浅了许多，但刻画的手法是相同的。尤其是东山洞内的古人头像崖刻，线条中深缘浅，线条单调而粗放，正是古时人们思维初级阶段的产物，与我临摹的原山洞 109 个崖刻符号，其手法及刻痕深浅度是一致的。这些零散崖刻的发现也可与原 109 个崖刻符号相印证吧！

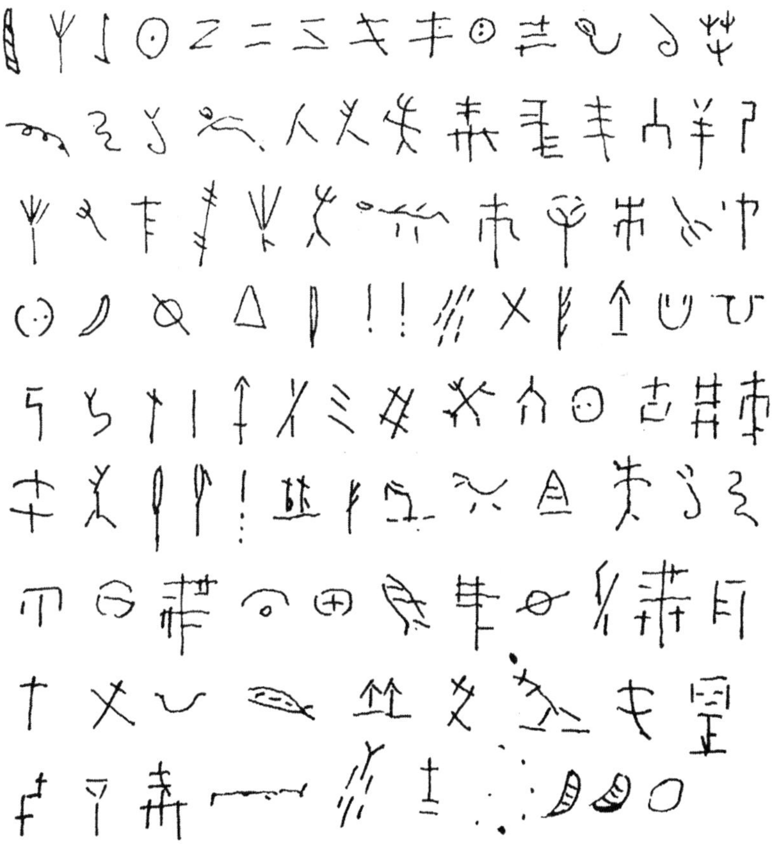

釜山崖刻临摹

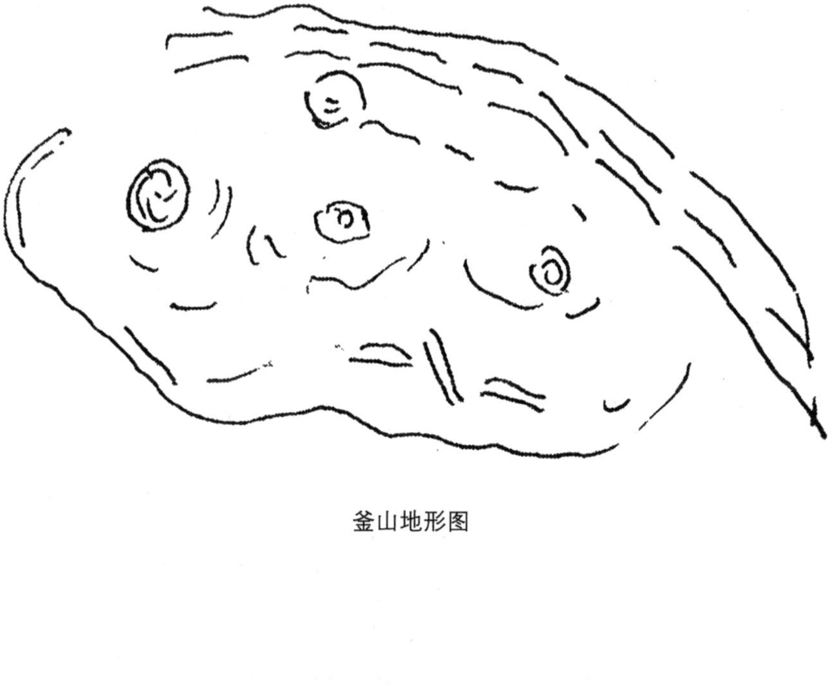

釜山地形图

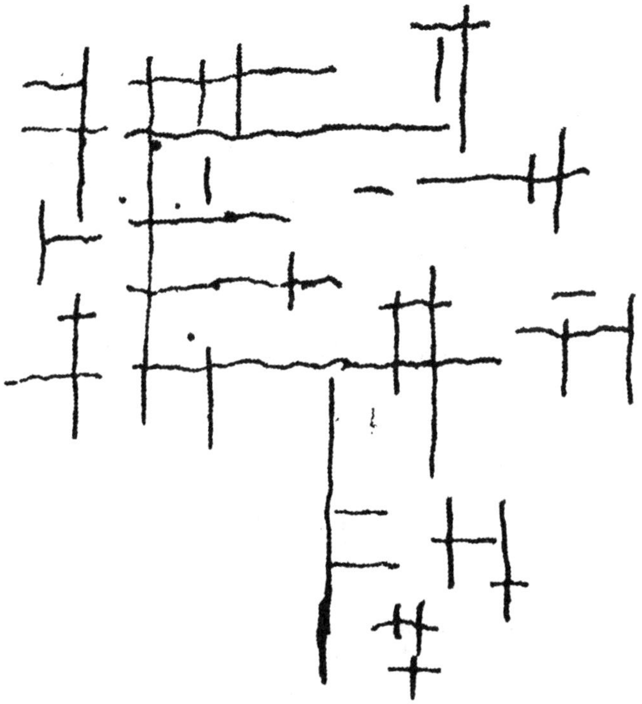

田园耕作田畦图

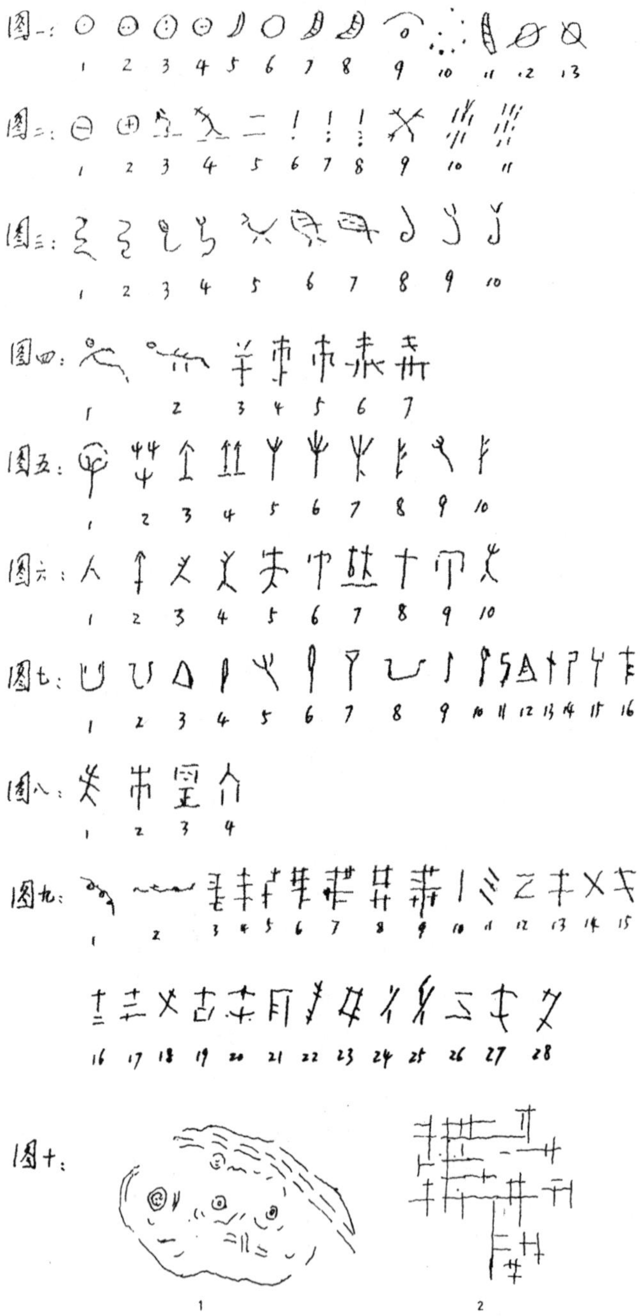

釜山崖刻按意分组图表

序号	汉字	甲骨文	所在位置	序号	汉字	甲骨文	所在位置
1.	乂 yì	×	图九.14号	12.	廾 gǒng	凵	图七.7号
2.	秕 bǐ	[illegible]	图七.9号	13.	柬 han	丰	图九.4号
3.	卜	卜	图七.13号	14.	七	十	图六.8号
4.	草	屮	图五.5号	15.	自	[illegible]	图七.12号
5.	丑	[illegible]	图七.5号	16.	土	△	图七.3号
6.	虫	[illegible]	图三.4号	17.	月	[illegible]	图一.5号
7.	彡 shān	彡	图九.11号	18.	中	[illegible]	图一.13号
8.	叉 chā	[illegible]	图五.6号	19.	巾	巾	图六.6号
9.	丁	○	图一.6号	20.	甲	田	图二.2号
10.	二	二	图二.5号	21.	鸟	[illegible]	图三.4号
11	阜	[illegible]	图五.7号	22.	鱼	[illegible]	图三.5.6号

釜山崖刻甲骨文辨认表

釜山崖刻发现始末

1937年，我出生于徐水县大王店镇西黑山村，因家境贫寒，上学较晚，10岁以前的童年几乎全是在东釜山乡东釜山村姥姥家度过的。舅父王老代，在釜山山前有十几亩地，日子虽不富裕，但生活还算过得去。舅父下地，也让我和表兄王琪一同跟去，舅父在地里干活，表兄领我去釜山上挖老刮嘴（一种能生吃的野菜）。贪玩的表兄领我满山串游，有时还钻山洞去玩。童年时的我就发现釜山山洞的石壁上画有各式各样的图案，出于童心，我们也在山洞洞壁上用火石片（即墨色大理石片）画一些鸟、草、树木等童画。

最难忘的是每天晚上舅父都会给我们讲关于釜山的故事，如“釜山内有金马驹子”“黄帝泉为什么不再流水了”“黄帝大战蚩尤”“釜山上既无蝎子又不长蒺藜”“釜山上的合符台”“釜山上的轩辕黄帝庙是一夜盖起来的”等，所以幼年的我老早就知道了很多关于釜山的传说故事。1948年初春，我开始上学，后来考上河北五中（原北岳区第五中学，校址在顺平县腰山镇王家大院内）。那时，从重庆过来的大学教授去北京前都被安排在五中教书，其中的于天游、王继燕教授在上地理、历史课时说：“黄帝是中华人文始祖，从釜山黄帝合符后开创了华夏文明。”少年的我老是想，釜山上有“轩辕庙”“黄帝泉”“轩辕洞”，釜山合符是否就在徐水的釜山呢？为什么徐水的釜山及周边有这么多黄帝的故事呢？

1954 年初秋参加工作后，由于历史知识的增加，总想弄清釜山黄帝合符的釜山是指何处的釜山。后经翻阅大量历史资料，证实黄帝合符的釜山就是徐水的釜山。釜山岩洞的崖刻很有可能是远古时代古人类在没有文字以前的记事符号。于是，1978 年春节期间，趁给表兄王琪拜年之际（此时表兄已任釜山村村支书），约表兄再登釜山，去山洞观看洞壁上的崖刻符号，越看越觉得不是近代人画上去的，有一定的历史研究价值。有备而来的我，临摹描绘下来 109 个符号，收藏在家中。

自 1990 年开始，我陆续在《河北经济文学报》《荷花淀》《科技与效益》《乡音》《保定政协》《旅游纵览》《中国食品报》等刊物发表有关釜山与黄帝故事的杂文。2008 年 5 月釜山文化研究会筹备组成立后，专门从事釜山文化研究工作。虽年逾古稀，但感到十分幸运，信心十足。2008 年 5 月 20 日，陪同龄的北京大学考古文博学院院长、考古专家李伯谦教授登临釜山，并且向其求教山上的崖刻。李教授说：“这些崖刻是古人类在没有文字以前留下的记事符号，有很高的历史研究价值，应妥善保护起来。”事后，我又将家藏临摹的 109 个崖刻符号加以整理，撰文《釜山上的崖刻鉴赏与分析》，在《今日徐水》上发表，以引起专家学者对徐水釜山上崖刻的青睐与重视。

无字石碑

碑是后人对前人功绩或重大事情纪念的标铭。釜山山顶立有一块无字石碑，是硅酸盐砂石碑，石质坚硬。地下埋的部分很深，数人推摇，纹丝不动。碑两面无文字刻痕，众多历史考古界人士观看后，均对立巨石之意不解，提出了很多疑问：碑多背北面南，为何此碑面东？既是碑，为何无字？为何此碑是窄而高的一块巨石直立苍穹？何时而立？为谁而立？……都是谜团。

相传，釜山山顶的无字碑是舜帝纪念黄帝而立。釜山是黄帝的大本营，更是携万邦诸侯合符的圣地。釜山合符，华夏一统，中华文明五千载，釜山合符定中华，后人尊黄帝为人文初祖。舜帝以孝道而扬名，当舜帝继位后，在合符圣地祭祀先祖黄帝，建庙立碑弘扬华夏一统，对先祖以示崇敬。

三皇五帝时期，人们对天体的认识很肤浅，每天观日出东方、日落西山，视日头为天神，崇拜日头为第一神灵。只有东方日神出来，大地生灵才能活动。主宰大地的是东方日神，日出之地是神圣之地。三皇五帝时期，以东为上，立的一些表示敬仰的标志都面向东方。无字碑为纪念黄帝而立，自然面向东方。

无字碑为何不刻文字？黄帝命仓颉造字，虽文字已现雏形，但自开天辟地以来，黄帝统一华夏，其功业之高天彰地显，用什么文字都难以表述黄帝的功业，刺向苍穹的巨石矗立比文字更能让人忆想。

无字碑

釜山上的无字碑亦是象征性的功德碑。此碑乃“擎天玉柱”之寓意，彰显黄帝携万邦诸侯在此合符，一统中华，迈向文明，其功皇皇，顶天立地，像擎天玉柱一样展示给后人。

黄帝正妃嫘祖故里考

据《史记·五帝本纪》记载，“黄帝居轩辕之丘，而娶于西陵之女，是为嫘祖。嫘祖为黄帝正妃，生二子，其后皆有天下。”著名作家柏杨在《中国人史纲》中明确指出，“嫘祖发明养蚕抽丝……中国以丝织品独霸世界 4000 余年，完全是她开创的功绩”。

查阅各种史料，也都充分证明嫘祖为黄帝正妃，她发明了养蚕缫丝织锦染五色衣裳，结束了古代先民以树叶兽皮遮体的荒蛮时代，开创了人类衣着文明的新纪元。大汉帝国开辟的“丝绸之路”，使中国的衣着文明得以世界共享。蚕为天虫，一虫之功，天成文明；一桑之叶，贸易天下；一丝之力，罗结人心；一绸之惠，让寰球同此凉热。自上而下至今，中国人敬仰并祭祀蚕的发明者黄帝的正妃嫘祖，情理使然。

嫘祖其人，祖居何地？又是在哪里发明养蚕缫丝织锦，又是怎样成为黄帝正妃的？她的养蚕抽丝织锦技术又是如何传承开来的呢？这些史学家们争论不休的热门话题，终于有了答案：嫘祖的故里和发明养蚕缫丝织锦技术都是在距河北徐水釜山正西 9 千米的易县（今狼牙山脚下的沙岭、步乐一带）。她与黄帝结合成为正妃，也是在这里。

一、嫘祖

嫘祖又叫雷祖、傫祖，乳名嫘子、嫘姐。据《史记·五帝本纪》记载，“黄帝娶于西陵之女，是为嫘祖。嫘祖为黄帝正妃”。古代地名多与当地氏族长期居住有关。“西陵”在哪里？据《中国地名大词典》记载，“西陵在易县”。距易县城西南 50 千米、徐水釜山西 18 千米的狼牙山北侧有一山峰，名“蚕姑坨”。坨顶有一古刹，俗称“蚕姑圣母祠”。相传古时这一带被称为“西陵”。

蚕姑圣母祠为纪念黄帝正妃嫘祖养蚕缫丝织锦染五色衣裳而建。蚕姑陀过去称“灵峰坨”，因蚕姑盛名而后称“蚕姑陀”。坨南侧有一峰，中空一洞，洞顶为弧形，非常大，隔山望山，气象万千，蔚然壮观，称“南天门”，属蚕姑陀十景之一。相传为蚕姑巨掌击打造成。南天门下有二洞，传说嫘祖曾在此缫丝，当地称“蚕姑缫丝洞”。坨的毗卢寺北岩峭壁上有两个大小相等、皆 1.5—1.6 米高和宽的洞穴，洞内有潭，深不可测，不分旱涝，常年流水，水质清凉甘甜、爽身悦目，相传为嫘祖饮水、居住的地方。山上有一“纺车石”，形象逼真，犹如蚕姑发明的纺车挂在那里。山脚下有“姥姥庙”，又称“回香殿”。相传蚕姑母亲和舅舅非常支持蚕姑养蚕缫丝，故后人为纪念她们而建。庙内有塑像一男一女，背靠背而坐。女为蚕姑母亲，男为蚕姑舅舅。蚕姑圣母时，正处于母系社会向父系社会的过渡时期。该塑像充分反映了母系社会只知其母不知其父的时代特点，对验证蚕姑故里有特殊作用。后人把其舅舅的像改为大肚弥勒佛，是时代变迁的结果。之所以又称“回香殿”，是善男信女上山祭祀蚕姑圣母后，因山高路陡，上下很累，回程时多在此休息一下，一来烧几炷香，祭祀蚕姑母亲舅舅，二来香告蚕姑圣母，回程顺利安全，请圣母放心。

易县有一村名“桑园”，传为因是蚕姑植桑重地而得名。蚕姑坨半山腰有一村，传为蚕姑纺纱织锦地，许多纺纱能手从这里走出去，故初名“纱领”，意为出纺纱领袖的地方，后演变成“沙岭村”。再山下有“东步乐”“西步乐”两个村，实为“部落”，传说为西陵氏部落居住的地方。每年的正月二十一日，西步乐庙会十分兴盛，专为纪念蚕姑诞辰而起。庙会期间，人山人海，周围百里的乡民都来赴会，几千年长盛不衰。

易县还有以嫘祖定名的“嫘村”，今转音“罗村”。易县、徐水、满城一带，与嫘祖养蚕抽丝相关的地名颇多，如“蚕姑洗丝泉”等，不再一一列举。

二、嫘祖在易县发明养蚕抽丝织锦染五色衣裳

蚕姑陀“文革”前有碑近千幢，“文革”中惨遭破坏，今存残碑中仍能见“西陵氏教民蚕”“西陵氏女嫘祖为黄帝正妃”等字样。

世界蚕桑始于中国，中国蚕桑始于北方，这是《中国蚕桑史》中肯定的结论。易县属这个北方范畴，易县蚕桑史的发展也充分证明了这点。易县古属幽州，《禹贡》中第十二州为幽州，山中多丝为幽也。春秋战国时，易县为燕国，据《史记》记载，“燕……有鱼盐桑枣之利”，均言其产桑而育蚕也。《太平御览》引《三国典略》云：

“东魏薛琡尝梦山上挂丝，以告所善张亮。曰：‘山上丝，幽字也。君必为幽州。’后果如之。”东魏薛琡是否既了解古幽州曾盛产蚕丝，又从幽字的结构上预见到张亮到幽州任刺史呢?

嫘祖随黄帝出巡，走到哪里，把养蚕抽丝传到哪里。传到南方后，由于那里的生态环境更适宜蚕桑业的发展而成为重点。但易县蚕桑业一直没有中断过，由于技术越来越好、质量越来越精，易县丝成为向皇宫进贡的贡品。据《唐书·地理志·易州》记载，“土贡绌”。明朝《弘历易州志》引《宋书·地理志》云：“土贡素绝。”“绌”和“绝”均为丝绸。《弘历易州志》还明确记载“自国朝八年以后，岁贡丝 84 斤 6 两 5 钱，人丁丝 17042 两，折绢 8 匹 1 丈 5 尺 5 分”。直到清朝和民国初期，易县仍有养蚕缫丝织锦业。民国初期，在易州设“蚕桑学校”，其校址就在原来易县打井队所在地。中华人民共和国成立后，河北省林业厅专门在易县设立了“蚕桑研究所”，以图重振易县昔日的辉煌。直到改革开放初期，由于以易县为中心的蚕桑业的发展，徐水、满城、涞水、定兴一带，以桑木做打场用的桑木杈遍及各家各户。

《山海经·海外北经》讲了一个“欧丝之野”的传说：黄帝战胜蚩尤后举行盛大庆典时，一仙女带黄白精美二丝前来祝贺。她说自己住在北方的跋踵国，那里有高达万仞的三棵大桑树，她靠吃树上的桑叶吐出闪亮的丝，用丝织成美丽的绸缎给人们做衣裳。因她日日吐丝，所以她居住的地方叫“呕丝之野”。蚕神身披白色的马皮，而且脱不下来。蚕神“呕丝之野”的“跋踵国”在哪里?《山海经》把“跋踵国”和“共工”列在《海外北经》之中，当相距不远。《尚书·舜典》说："舜流共工于幽州。"易县古属幽州，蚕之头如马，故易县有白马村，有马头山。《史记》记载共工与颛顼大战穷独山，怒触不周山之事就发生在这里。穷独山就是今天的马头山，山上有"共工坨"。因嫘祖乳名"嫘子"，今白马村附近有"垒子"村，"嫘"与"垒"同音。尤其耐人寻味的是，蚕神手里的"金丝"和"银丝"又与易县盛产的"黄丝"与"白丝"非常吻合。据民国时期的《易州志稿》记载，蚕姑陀山脚下的易县南娄山村多以织绢为主，出品甚佳。据雍正《畿辅通志》记载，"黄白二种出易州者最著"。这进一步证明了嫘祖的"西陵氏"就在易县，证明了嫘祖发明养蚕抽丝也在易县。

三、嫘祖为黄帝正妃

据《史记》记载，嫘祖为黄帝正妃。当代史学家朱绍侯先生明确指出，"嫘祖是黄帝的发妻，按常理，当时黄帝应该还很年轻，华夏尚未统一"。结发夫妻，中国民间俗称鬏髻夫妻，发妻也就是第一次结婚的原配夫人。故《史记》称"正妃"。陈华新编著的《中国历代后妃大观》说："黄帝整天为部落的事操心，没有把个人的婚事挂在心上。他的父亲少典和母亲附宝希望儿子早日成家，也经常有人带着漂亮姑娘来攀亲。附宝说：'这么多漂亮姑娘来找上门，你总得挑选一个呀！'黄帝笑着说：'娶妻不能只看外表，还要看有没有真本事。'父母听后点了点头。"有一天，黄帝打猎到西山，见有一位女子在半山坡大桑树下养蚕，收集了好多蚕茧，真是从来没有见过。黄帝徒步向前问道："我想向大姐学习养蚕缫丝手艺，你肯教我吗？"

女子说："俺爹娘有言在先，此手艺不为天下者不教，非丈夫不准传授。"黄帝抬头瞄了一眼女子：个子不高，但很结实健康；常在烈日下，脸有些黑，但透着善良与智慧；话不多，但志存高远。这不正是自己要找的那种善良、健康又有真本事的人吗？于是，黄帝鼓起勇气向她求婚。这位女子就是嫘祖。黄帝遂聘为元妃，负责教民养蚕缫丝织锦，使百姓脱下树叶兽皮，换上了柔软美丽的丝织衣裳。大家都说黄帝有眼力，找到了一位贤妻。这些描述竟然与《郎山北支蚕姑坨》记载的"黄帝战蚩尤于涿鹿之野，会诸侯于釜山，途经易水，见当地黎民锦衣华服，鲜有以兽皮树叶蔽体者。访知，西陵氏有女，名嫘祖，教民植桑养蚕缫丝织锦而为衣裳，黄帝遂聘为元妃"，如此不谋而合。专家学者的研究结论与易县、徐水、满城一带民间几千年口头相传如此一致，这充分证明易县是嫘祖的故里。嫘祖在易县发明了养蚕缫丝织锦染五色衣裳。嫘祖与黄帝是结发夫妻，她们的结合是在易县进行的。

嫘祖成了黄帝正妃，随着黄帝战胜蚩尤，联合炎帝釜山合符，实现了中华民族历史上的第一次大统一、大融合，这为蚕桑业在更大范围内的发展创造了无与伦比的条件。黄帝十分重视包括蚕桑在内的各业的发展。据《路史·疏仡纪·黄帝》记载，黄帝"命西陵氏劝蚕稼"。据《史记·五帝本纪》记载，黄帝"迁徙往来无常处"。黄帝一生到过很多地方，嫘祖随其同行，走到哪里，就把养蚕抽丝织锦传授到哪里。这就是为什么养蚕缫丝能够传遍全国，许多地方都说嫘祖在他们那里发明养蚕抽丝的主要原因。如河南西平、开封、荥阳，湖北黄冈、浠水、宜昌、远安，四川盐亭、叠溪，陕西白水，山西夏县，江苏吴江，山东费县，浙江杭州，不下 13 处。许多地方引经据典，让初阅者不可不信。然以考古发掘的遗物鉴定、史书记载的史文为证，以古遗址当地民俗传颂为辅，以釜山附近的易县相关史料最丰富、论据最充分、可信度最高。这些史料综合证明易县是嫘祖的故里；嫘祖在她的故乡易县发明了养蚕抽丝织锦；黄帝东迁到易水，在战胜蚩尤、合符釜山期间，与嫘祖相识并成为结发夫妻。在黄帝四妃（还有方雷氏、彤鱼氏、嫫母）中，嫘祖是最优秀的。她兢兢业业帮黄帝做了很多事情，深受后人敬仰。《后土宝卷·谛祖经》把黄帝与嫘祖称为“双祖”。《古今图书集成》引《路史·后记》云：“黄帝元妃西陵氏曰嫘祖，帝之南游，西陵氏殒于道，式祀于行。”“汉祀行神西陵氏。”这再次证明西陵氏嫘祖是随帝出巡传播养蚕缫丝技术并在途中去世的。嫘祖在易县生活成长及养蚕抽丝染五色衣裳的民间故事，传播十分广泛，易县、徐水、满城、涞水一带更多一些。特别是古西陵氏生活居住地蚕姑陀山脚下的沙岭、步乐等村庄，那真是家喻户晓、人人皆知。一些年龄偏大的人更是津津乐道、滔滔不绝，三天三夜说不完。

蚕姑文化是后山文化的一部分，也是釜山文化的组成部分，后山、釜山都在易水河畔，相距不远，都是黄帝部族长期生活战斗的根据地和指挥中心。保定市后山文化学会编著的《蚕姑圣母传奇》，收录了沙岭村张振海、王金龙等村民口头相关的 40 来个故事。其中，有反映嫘祖父母的，如《西陵子比武结亲生蚕姑》《姥姥庙》等；有反映嫘祖发明养蚕缫丝织锦的，如《蚕姑坨上的缫丝洞》《纺车石》《蚕姑一指定山鹰》等；有反映黄帝嫘祖相互爱慕结为夫妻、互相支持的，如《黄帝娶妻西陵氏》《黄帝三上蚕姑坨》《鸳鸯树、鸳鸯石》等；有嫘祖被神化后救苦救难的，如《贞节牌的故事》《蚕姑圣母南阳救主》等；也有反映蚕姑注重养蚕缫丝基地建设的，如《一掌击开南天门》《借牛车拉石碾》等。这些故事虽然有的带有神话色彩，但无不反映了蚕姑在易县故里生活成长的历程，反映了蚕姑发明养蚕缫丝的经历，反映了蚕姑与黄帝成为结发夫妻，成为正妃后支持黄帝工作的，是嫘祖一生历程的全景图。

四、气温和环境与人类的生存和发展有极大关系

甚至可以说，温度决定生命。易水流域的易县、徐水、涞水等地处于专家认定的最适宜人类生存的经纬带上。这里又处于太行山、恒山、燕山三山交界处与华北大平原的接合部上，专家已经考证，该地属于黄河流域，古黄河曾从这里流入大海。这一带最低海拔 35 米、最高海拔 1860 米，这就造成了这里极其丰富的地貌，有平原、丘陵，有浅山区、深山区，有丰富的河流，离海岸线很近。在不同的海拔地带生长着适应相对海拔的动植物群，动植物物种极为丰富，真是物华天宝。对人类做出极大贡献的“蚕”首先出现在这里，也就不足为奇了。由于这一带最适宜人类的生存与发展，必然是古代人类聚居的地方。《易县地名资料汇编》引史料云：“栖木而巢，教民巢居。”说明这里是古代文明程度最高的区域之一。从现存文化遗址来看，易县、徐水、涞水、满城一带，盘神庙、三皇山、三皇庙、五帝祠等古代遗址特别多，相关的传说比比皆是，这是其他地区很难具备的。这一带几乎成了“自从盘古开天地、三皇五帝到如今”

中国历史概括的缩影。从考古成果看，新石器时代仰韶文化、新石器时代晚期龙山文化在这里都有相当的成果。特别是徐水南庄头、易县北福地史前文化遗址，经考古发掘碳一14 测定，此处人类活动的历史距今有万年。出土的耜、陶器、玉、房屋遗址等，表明这一带是中国农业文明的发祥地之一。易县七里庄考古发现的从新石器时代、夏、商、周到春秋战国的五个文化层，把中华民族万年历史连成一串。专家断言，易水一带是中华古代北方文明与中原文明交流、碰撞、融合最活跃的区域，是当时文明程度最高的地方。出现黄帝正妃嫘祖“把野蚕变成家蚕来饲养并抽丝织锦染五色衣裳”这样伟大的女性也就不足为怪了。黄帝部族东迁易水长期居住下来并以易水的后山、徐水的釜山一带为大本营战胜蚩尤，实现中华民族历史上的第一次大融合、大统一，也就顺理成章了。特别值得注意的是，考古专家在对距易县 70 千米、距徐水 90 千米的北京市良乡古墓进行发掘中，发现了 3000 多年前的丝绸，断言这一带为“中国丝绸之路的终点”。这更加有力地证明了中国的养蚕缫丝技术发明于易县。

五、嫘祖其后皆有天下

据《史记·五帝本纪》记载，“嫘祖为黄帝正妃，生二子，其后皆有天下”。《史记·五帝本纪·五代世表》标明黄帝之后的颛顼、帝喾、尧、舜、禹五代帝王，都是黄帝、嫘祖的后代，确实“其后皆有天下”。据考，高阳县有颛顼城；唐县有尧出生的尧山；有尧母遥望儿子的“望都”；涞水有尧禅让将权力移交舜的文庙（东文山），有大禹治水的“长堤”；易县有尧访贤追舜的“尧舜口村”。这些都说明黄帝与嫘祖结合后，嫘祖及其后代长期在易县、徐水、涞水、高阳、唐县、望都一带生活。初期在这一带诸侯国任要职，登上天子之位后，出于管理大国家的需要，嫘祖的后代才从釜山、后山迁都到我国的西部和南部地区。

历代王朝在易县蚕姑陀修建蚕姑圣母祠并进行祭祀。据将军庙郎君碑记载，汉武帝“巫蛊之祸”后，戾太子之孙刘询避难于缫丝洞，有老妪供食蚕蛹度日。为安全起见，老妪将刘询移至老君堂（蚕姑坨附近一景），每日三餐由老妪按时送到。刘询问婆婆由来，老妪只是笑而不语。当汉武帝发觉追杀戾太子是错误时，事已晚矣。汉昭帝过世后，大将军霍光等重臣保举刘询为帝。霍光来易水找了3个月未见踪影，问乡民皆言不知。后见灵峰坨顶有烟火，寻至峰顶，由一老妪引见。霍光见刘询之际，那老妪化春风而去。刘询方知是蚕姑圣母救护。刘询继位后即派重臣到灵峰坨修建蚕姑圣母祠。刘询登基的第二年（前72年），赶在蚕姑圣母正月二十一日诞辰竣工，以祀圣母。蚕姑圣母祠是汉宣帝刘询敕封。北周皇帝祀嫘祖为“蚕神”，另建庙一座。历代王朝皆有修葺重建之举。到清朝中叶，已有佛道庙15座50余间，有蚕姑圣母祠、玉皇殿、千佛殿、五帝祠等，上山沿途及各庙宇中各种碑刻近千通。每逢蚕姑圣母诞辰前后，人山人海，日夜进香者络绎不绝。清乾隆皇帝、宰相刘墉也曾上山进香。其纪念碑刻，至今尚存。后经战乱，这座几千年的古刹圣祠历经兴衰。破坏最严重的仍属“文化大革命”时期，各庙宇和庞大的碑林全遭破坏。近年来，善男信女虽有修复，但较“文革”前的那种辉煌相差甚远。

碑林中原有皇家修庙的金石碑刻数通：元至正十六年（1356年）重修蚕姑圣母祠和灵峰院、佛堂碑记。大辽重熙年造梵宇八棱石幢一通；金大定年复起各殿宇法像碑；元至正丙申年对各殿神佛镀金身刻碑记；明成化、正德年间皆有修祠、键院的记载。

由于受汉宣帝敕封，蚕姑陀周边的徐水、满城、易县也建起许多蚕姑圣母庙。从西汉、东汉、三国、西晋延至南北朝后的隋唐，直到大清帝国，在易县及附近周边建庙和修葺旧庙一直未断。如蚕姑坨残碑显示，陕西道监察御史王允来易县巡视为嫘祖立碑云：“黄帝元妃西陵氏教民蚕，不但为老者衣帛计，凡丝綦纂织五彩衣而厚民。”满城石勒进香还愿碑文云：“西陵氏嫘女为黄帝元妃，教民缫丝织锦，以供衣裳。”

蚕姑坨北直线距离不足50千米的后山（也称洪崖山）上有古庙群，宋朝著名文学家欧阳修说：“易县后土皇帝庙，当祀黄帝。”黄帝庙内有嫘祖像。后山之所以又称洪崖山，相传黄帝乐官伶伦（也称洪崖）创五音制十二钟就在这里，至今后山附近有伶伦祠，有伶伦训练乐工的“乐坪”。相传黄帝战胜蚩尤、联合炎帝釜山合符后建黄帝城，有学者研究认为，黄帝城建成后的一段时期内，黄帝曾把嫘祖和伶伦留在易县，替他掌管这片根据地。因此，后人为纪念他们，把后山称为“洪崖山”，把灵峰坨称为“蚕姑陀”。因此，每年后山的祭祀活动从农历三月初一日至十五日，在长达半个月的祭祀期内，周边数百里的善男信女络绎不绝，人山人海，少则几十万，多则近百万，为华北之最。

遗址、史料、考古、民俗、地名及帝王与民间祭祀考等均证明，西陵氏嫘祖蚕姑圣母，其故里在易县。嫘祖在易县发明养蚕缫丝织锦染五色衣裳，还在易县与黄帝成为结发夫妻，即黄帝正妃，史称嫘祖。

风水宝地话釜山[①]

1978年考古工作者在发掘南釜山汉墓时，出土了一批画像石刻。这批画像石刻完全以珍禽异兽为题材，有当时极受崇拜的四种神灵——青龙、白虎、朱雀、玄武，也有汉画中罕见的凤凰、毕方、鸟头兽、飞狐等。其中的毕方鸟是黄帝的神游侍者。釜山海拔290米，西北南之面较陡，东坡较缓，从外形上似一只大龟旁边带着小龟，后面还跟着一只大龟（现在的平顶山）。釜山上遗迹众多，有轩辕黄帝庙、围墙基址、黄帝台、黄帝泉、古井、古碑等。

2008年4月，随中国农业大学李志民教授探寻釜山，了解了釜山地理位置的重要性。人们都知道民间现在的居家盖房大都沿用左青龙、右白虎、前朱雀、后玄武之说，而釜山的地形也恰好与此吻合。釜山是坐北朝南，面向南方，东是左，左边有现在的石龙山，右侧是伏虎山，前面有凤凰山，北面有平顶山，中间山顶是黄帝大殿。在天气好的时候，站在山顶，就能看到保定总督府的大旗杆（民国前）。而在凤凰山的右前方，是有名的象山，象山形似一头卧象。在上古的时候，大象是动物之王，也是众多神仙的坐骑。由此

---

① 徐水釜山文化研究会雷永怀整理。

可见，从釜山的地形来看，正好与前面提到的汉墓出土的画像石刻青龙、白虎、朱雀、玄武相吻合。因此，现在从地形上看，釜山是一座风水宝地，当年黄帝在这里画龙合符，完成上古各大部族的大融合，就不足为奇了。

黄　帝　泉[1]

相传 4700 年前，徐水釜山就是当时的轩辕山，也是轩辕部落的大本营。轩辕山西、南、北山势较陡，东面较缓，北面与现在的大平顶相连。在半山腰处有一大片平坦的石头，中间有一天然石屋，是黄帝居住的地方。黄帝屋旁有一天然石泉，称黄帝泉。黄帝战蚩尤时，累了就用此泉水洗身子，解去疲劳；打了败仗时，用此泉水洗头，头脑立刻清醒，能想出破解蚩尤的新办法。有人说，黄帝就是靠这天然黄帝泉水的灵气打败蚩尤的。后来，黄帝离开釜山后，每到秋高气爽的季节，一到半夜，黄帝泉中就会出来个金马驹，跑到山下。它踩到哪块地，哪块地的庄稼一夜熟好，吃了哪块地的庄稼，哪块庄稼颗颗粒粒饱满，增加收成。金马驹子还专门在心眼好、做积德善事人的田地里尿上一泡，就让这家发大财，拉上一堆粪，就能捡到马蹄金。后来，人们传说这个金马驹子是当年黄帝争战时所骑的宝马。黄帝乘龙升天后，它也成了仙，住到黄帝屋，守着黄帝泉，为天下人办好事。

---

① 徐水釜山文化研究会雷永怀整理。

黄帝泉

釜山周边村名释义

釜山，中国的圣山，在上古五六千年时，曾是黄帝在北方活动的大本营。釜山是黄帝在涿鹿之战擒杀蚩尤、北逐荤粥后合符的地点，从此黄帝统一了华夏，釜山也成了中华民族数以千计的部落首领们统一归顺在黄帝麾下之后的政治、军事活动中心。因此，釜山被称为华夏圣山，在中华大地上名声大震，各部族皆知。后来，定居在釜山周围的族民建成的村落邑廊也为沾釜山祥瑞之灵气纷纷择“釜山”或与当时政治活动事件有关者而命名。

东、西、南、北四个釜山村村名之由来，就是因黄帝“北逐荤粥，合符于釜山”。釜山名声大震而称圣山，人们视之为风水宝地，频频迁来釜山山前定居，初定名为釜山村。定居者越来越多，为便于居民之间来往又划片分为东釜山村、西釜山村、南釜山村、北釜山村四大居民点。此村由来已久，在公元前 2600 多年时，釜山周围就有众多族民居住了。

北合台村得名始末。北合台村位于釜山北边 2.5 千米处，原名为釜山庄村，因与四釜山村村名相混，又因此处是炎帝、黄帝阪泉三战及炎黄二帝握手言和之处，取其和睦和好之意，故改名北合台村，其意为村民永远和睦相处、团结一致。

大、小牟山二村名是怎样来的？二村人定居在蚩尤坟左右。蚩尤坟在釜山东边 3 千米处。在古时涿鹿大战中，黄帝大败蚩尤，在中冀（今冀州）将其擒杀，把蚩尤的头当作胜利的象征带回北方掩埋在此处的大土山上。自埋蚩尤头后，土山渐渐变赤，色泽越变越深，当地称红土山。从掩埋蚩尤头之日起，每当夜半之时，村民们便听见坟内总发出如牛吼叫的“哞、哞”之声。当地人畏惧，在山上修了一座小庙，即“红土山庙”，以示镇压。因蚩尤部落以牛为图腾，为祈求坟内夜半不再发出牛吼之声，故将坟周围二村改称大牟山村、小牟山村，用意是“哞”字去“口”为“牟”，“哞”字无“口”自然不会再叫。几千年后的 1958 年，因修瀑河水库，将此二村搬迁并入现在的新乡村。

解村村名是如何确定的？解村位于釜山东 5 千米处，村名的确定有两种说法。一曰因位于蚩尤坟东边 1.5 千米处，人们惧怕蚩尤魂灵作祟，故取村名以镇之。古时黄帝擒杀蚩尤，对蚩尤行刑，名其地曰“绝辔之野”，以五马分尸，车裂荒郊，蚩尤部落以牛为图腾，故该村定名解村。将“解”字拆开，其义极为巧妙，寓意用刀斩杀牛角牛身，也是五马分尸的做法，让蚩尤永不能作乱，保万代平安。二曰北宋时为抗辽，曾派武将解辉带兵驻扎此处，后取名解村。

樊村村名之变迁。该村位于釜山东南 5 千米处，古时为黄帝外围屯兵的营地，那时初建营地都是插木圈墙作垒，名曰蕃篱（藩篱，此为民间误写），一来防外来者偷袭攻击，二来防猛兽侵扰伤害，年代一久，即成村落。因初为蕃篱墙，遂定村名为蕃村。蕃字，人们嫌不雅，有番邦之意，恰村中有樊姓人家，人丁兴旺，成为大户，蕃村随即改成樊村。后因人员增加、户数较多，又分成了北、西两个樊村。

佃头村的村名演变。在五六千年前，黄河河道是沿太行山东麓从保定西北边流入现今徐水境内，到釜山山前南面因山势高而受阻挡，直拐弯向东流去，过霸州后在天津北入渤海。后黄河故道南移，流下釜山东面大片洼地成淀，即现今的白洋淀，佃头村即位于大淀边沿。水退后，人们从浅山返回平川上生息，建村曰淀头村。后因人们惧怕水患，改淀头村为甸头村。清光绪三十三年（1907 年）时还叫甸头村，后因来此居住者多为租种土地的佃户，又更名为佃头村。

广门村的村名变更。清光绪三十三年时，安肃县地图上尚标名“西度门村”。其村名亦因古时黄河从釜山前向东流去，河道南移后，流下大片洼地成白洋淀。当时的白洋淀面积较大，现今的广门即淀边。黄河改道南移后，人们为捕鱼生息居于此地者日益增多，因是西边入淀捕鱼的渡口，村名初曰西度门村，到宋辽时期，此处淀水大大缩小，已东退至安新县西黑龙口东边，广阔的平原成了宋辽争夺的重地。宋将杨延昭为抗辽在此设雁、广二寨门，故又改名广门村。

为什么中国人称自己为炎黄子孙或龙的传人

中国有 5000 多年的文明史，而且相承相继，连绵不绝，源远流长，这是中华文明区别于其他文明主体的显著特征。早在 5000 多年前，我们先民的领袖们就在广阔的中国大地上结束了万邦林立、部落割据的方国时代，建立了领地广阔、人口众多、融合统一的中国。这是中华民族形成的基础，使社会步入了迅猛发展的正常轨道。中国人，包括侨居海外的华人，都自称炎黄子孙或龙的传人。此称谓的来源亦始于中国 5000 多年文明创始之开端，这与华夏民族的形成有关，与中华人文始祖有关，与釜山汇盟合符有关，与中华始祖古国王朝统一后的图腾有关。弄清这些问题，首先得讲清炎帝和黄帝所处时代的关系。诸多专家学者皆言炎帝乃神农氏，神农氏第八代即炎帝或曰榆罔。史书上也多处记述炎帝乃神农氏，如南朝梁沈约的《宋书》云："炎帝神农氏，母曰女登游于华阳，有神龙首感女登，常羊山生炎帝。"又南朝萧绎《金楼子》云："炎帝神农氏，姜姓也，母曰女登，少典妃，游华阳，有神龙首感女登，生炎帝。"炎帝乃神农也，他是农耕的创始人，尝百草以利民，是他发明了农业工具耒耜。

炎帝神农氏怎样与黄帝同时代的炎帝统一起来？其实，古籍中早就讲清楚了，与黄帝争战的炎帝是炎帝神农氏的后裔，亦名炎帝，司马迁在《史记·五帝本纪》中说："轩辕氏……以与炎帝战于阪泉之野，三战，然后得其志。"这就是与黄帝同时期的神农氏第八代之后裔炎帝。阪泉之战，黄帝为胜利者，黄帝与炎帝握手言和，是黄帝融合兼并了炎帝部族而形成了一个更强大的联合部族。两大部族融合统一后，形成了华夏的基础民族集团，后来又打败了蚩尤，炎黄集团再次扩大。从炎帝以上的神农氏在由采集狩猎生活方式走向狩猎农耕时代，炎帝部族的贡献最大，炎帝部落是中华民族由野蛮走向文明起始时代祖先的代表。黄帝轩辕氏主要是在军事上以武力统一了中原大地，黄帝是由野蛮走向文明的完成时代祖先的代表。炎帝在前，黄帝在后，所以发展农业及完成政治军事统一之后，炎黄二帝并称，既符合历史规律，也符合中国历史事实。中华民族是由炎黄两部族融合统一为基础再融入更多部族形成的，中国人作为其繁衍的后裔，自称炎黄子孙是十分准确和恰当的。这就是中国人自称炎黄子孙的由来。

中国人又自称龙的传人，则与以下史说有关：

其一，由炎黄二帝的出生之奇而来。炎黄二帝皆是龙生之子，我们是其后裔，所以称龙的传人。上文已述《宋书》《金楼子》中所载"炎帝神农氏，姜姓也，母曰女登，少典妃，游华阳，有神龙首感女登，生炎帝"。言女娲因神龙首感而诞炎帝，炎帝乃龙子也。黄帝亦然，也是龙生之子，乃龙的化身。如《黄帝传》中云："黄帝者，少典之子，其母附宝，感电光神龙绕身而孕，怀二十四月而生轩辕。”《汉书人表考》卷一云：“黄帝姬姓，少典之子，少典娶于有蟜氏，名附宝，感大电绕枢，孕二十五月，以戊己日生黄帝于天水。”《汉学堂丛书》辑《河图稽命徵》亦云：“附宝见大电光绕北斗权星，照郊野，而感孕，二十五月而生黄帝轩辕。”《史记·天官书》云：“轩辕，黄龙体。”《史记集解》引孟康曰：“黄帝形如腾龙。”《史记正义》说：“轩辕十七星，似黄龙之体。”《竹书纪年》云：“黄帝龙颜有厚德。”以上皆言黄帝为龙的化身、龙的后裔、龙生之子也。炎黄二帝融合华夏诸多部落后统一了中国，中华民族不正是龙的传人吗？

其二，我们是龙的传人又与釜山合符后统一的龙图腾的出现有关。黄帝统一了华夏之后，确定了各部族都以龙为图腾。在釜山合符前、古国王朝尚未建立之时，在那万邦林立的方国时代，各个部落都有自己的图腾，受生产力低下和对大自然认识较浅所限，各部族的图腾都以自己喜爱的动物作代表，他们将动物或禽类之皮挑在长棍上为图腾，有虎、狮、马、牛、羊、鹿、蛇、鹰、鱼等，五花八门，无所不有。这些情况经过多年的争战和各部落的接触，黄帝十分了解和熟知。黄帝想：怎样使图腾统一，又能让各部落接受呢？他是龙生之子，对龙特别崇敬，龙是什么样的呢？屡见大自然雷雨时闪电之光，天空中总是出现一个弯弯曲曲的形状，他想象中的神龙形状孕育而成，于是统一华夏后在釜山会盟合符前，在釜山半山腰大平台上，画定了一个神龙粗略的图形，当各路诸侯汇集在釜山召开第一次大融合、大一统建立古国王朝的“开国大典”时，把各部族带来的图腾摆放在上面，这个统一后的龙的图腾就形成了。这个新的以龙为象征的图腾，吸收涵盖了诸多部落图腾的主要部分，成为今后统一的中华民族的图腾。这个龙形图腾，头上有似牛、羊、鹿的双角，似虎似马而口角生须的头，像蛇像鱼、身披鳞甲的长身，如狮如鸟的俊尾，如鹰足的利爪。几千年龙的图像经过数度完善而传承下来。如今，中国各地年节喜庆之日，所舞的龙灯就是自上古演变而来的，这就是我们自称“龙的传人”的由来。

釜山庙会的由来及盛况

中华民族是劳动智慧的伟大民族，中国是文明古国、礼仪之邦，历史悠久，源远流长。由轩辕黄帝自徐水釜山合符后拉开了 5000 多年文明古国的大幔，所以中华民族的后裔皆称自己是炎黄子孙。从古至今，人们称黄帝为人文始祖，所以全国各族人民都设黄帝庙宇祭祖。最早建轩辕黄帝庙的是黄帝九代世孙舜帝，于公元前 2107 年建在原黄帝的大本营徐水釜山山顶上，当时是以干打垒墙，建起了三间坐东朝西及用木棍网架、柴草覆顶的祭屋。为什么坐东朝西呢?在舜帝以前，人们称东为上，到周武王时才以北为上并延至今日。

中华民族世世代代对炎帝（神农氏）、黄帝（轩辕氏）都非常崇敬，以至历代王朝的帝王们对炎黄都以祖宗来祭祀，这是中华儿女敬天祭祖的文化传统，数典而不忘祖。釜山的黄帝祖庙最初是农历三月初一日建的，所以自上古至今，每年农历三月初一，人们都在釜山上集会，举行盛大的祭典。随着社会的发展、文明的进步，祭典的规模也越来越宏大，内容也更加丰富，程序也更加完善而规范。今记釜山民间祭典情况于后。

釜山农历三月初一祭祖庙会，远近闻名。庙会期间，商贾云集，商人们借此机会进行贸易。因为远近商家、零星小贩都来赶庙会、摆摊售卖，如卖农具的、卖盖房木料的、卖牲口的，更有耍猴的、变戏法的、套圈的、拉洋片的、说大鼓书的、看相的、算命的、卖糖葫芦的、卖刀枪的（小孩玩具）、吹糖人的、卖风筝的，各类商贩，应有尽有。

吹打音乐会比赛场选址。周围村的音乐会多是从釜山古音乐辐射传播出去的，祭祖庙会期间，各村音乐会都来庆贺献艺。一般选村边大的空场院为吹演场。由庙管会人主持，按次序轮番出场。各乐队都拿出自己的绝技献艺演奏，一连三五天，热闹非凡。

各农户的接亲待友准备，更是忙得不可开交。凡过釜山庙会的十几个村，自农历二月二十六七日开始，就接老少姑娘回娘家来上庙看戏。各家各户准备像过年一样的丰盛食品待客，蒸馒头、包粽子、饶凉粉、蒸花糕、买肉杀鸡，富裕大户更要请厨师做八八宴席(八个凉菜、八个热菜，曰八八席)。从农历三月初一开始，釜山各村热闹起来，四面八方串亲戚的、烧香的拥向釜山。上山祭祖大典更是庄严而神圣的一场礼仪表演，随着社会的发展、文明的进步，祭祖大典的礼仪也更加完美与庄严，尤其是逢盛世年代，五谷丰登，国泰民安，祭祖庆典更加的隆重，如乾隆十三年的祭祖达到鼎盛，其程序如下：

掸尘：农历二月二十八日，为迎接农历三月初一的祭祖大典，这日将轩辕黄帝庙内各尊神像用鸡毛掸子清扫一遍，也叫神像增光。釜山当地人有个传说，人能连续 10 年参加佛像掸尘，则增寿一年，所以二十八日这天，参加掸尘的善男信女达数百人，聚在山上。

敬供品：初一这天，由会董们率众人抬供品食笼上山，敬上供品。供品是四干四鲜，黄帝像前八碟，大小馒头四盘，猪头三牲三大件。其他神像可稍减。

敬香：也叫烧高香，由傧相（司仪）主持发号："向人文始祖轩辕黄帝敬香!"会董之首手执高香跨前一步到神像前点燃大香，作揖三叩首，跪拜上香。

祭拜：由傧相发号："向人文始祖叩拜，一叩首!"会董率全体跪拜，然后立起。傧相再发号："再叩首!"全体跪拜后立起。傧相又发号："三叩首!"全体跪拜。傧相高宣："礼毕！瞻仰神容。"整个祭祖仪式结束。人们可在山上游观。

摆龙灯：自山脚起，顺上山盘道两旁，每五步立根五尺高杆，每杆挂一盏宫灯，直至庙前。晚上点燃蜡烛，因上山盘道是弯弯曲曲的，就形成了两条火龙，十分壮观。晚上，距釜山 5 千米之外，火龙清晰可见。唱三天大戏，点龙灯三天；唱五天，则点龙灯五天。不论白天晚上，山上游客、上香者络绎不绝。釜山祭祖庙会已延续了几千年，直至今日，每年农历三月初一，除上山敬香祭祖，更成了定期的物资交流大会。

釜山盛景诗文荟萃

一、古人咏釜山

自黄帝在釜山合符以后，釜山名震华夏，被称为中华5000多年文明之始之地，山上遗迹至今犹存。山如覆釜，松柏郁郁葱葱，庙宇亭台建筑宏伟，风景奇秀，常年云雾缭绕，颇具仙山灵气，成为后人祭祀人文始祖和踏青游览的胜地。为官者借道踏青而登临，文人墨客结伴而游，瞻拜者众，因此留下了诸多秀词佳句，今摘录于下。

清乾隆十三年（1748年）重修安肃县釜山顶上轩辕黄帝庙时，原庙址前左右各竖一矮座青石方碑，右侧篆刻三国曹植（192—232年）的《黄帝赞》诗：

黄　帝　赞

〔魏〕曹植

少典之子，神明圣哲。

土德承火，赤帝是灭。

服牛乘马，衣裳是制。

氏云名官，功冠五列。

左侧篆刻西晋文学家挚虞（250—300年）的《黄帝赞》诗：

黄 帝 赞

〔晋〕挚虞

黄帝在位，实号轩辕。
车以行陆，舟以济川。
弧矢之利，弭难消患。
垂衣而治，万国义安。

唐朝文学家陈子昂（661—702年），字伯玉，梓州射洪（今四川射洪）人。唐高宗开耀二年（682年）进士。武后时，官至麟台正字、右拾遗。万岁通天元年（696年），随武攸宜征契丹，后辞官归乡，被县令段简诬陷，死于狱中。在征契丹班师回长安途中，先抵今北京西南的古幽州，瞻仰燕昭王所设招贤台作《登幽州台歌》，随后又来到徐水釜山观黄帝合符台有感作《轩辕台》诗：

轩 辕 台

〔唐〕陈子昂

北登蓟丘望，求古轩辕台。
应龙已不见，牧马空黄埃。
尚想广成子，遗迹白云隈。

郎士元，唐朝天宝年间进士，字君胄，中山（今河北定州）人，官至郢州刺史。入仕前喜游名川大山。登釜山赋《瞻轩辕黄帝庙》诗：

瞻轩辕黄帝庙

〔唐〕郎士元

龙盘虎踞树葱茏，白云浮绕古山峰。
祀拜华夏人文祖，黄帝庙前袖舞风。

姜洊，明朝名士、文学家。游历安肃县西釜山，见山顶有泉眼。闻此泉旱而不涸、涝而不滥，水质清冽甘甜。山腰黄帝泉瀑布奔流而下，秀丽壮观，遂赋诗《登釜山》。

登　釜　山

〔明〕姜洊

山腰水有千年涧，石眼泉无一日干。
天下苍生待霖雨，不知龙向此中蟠。

魏士，清代诗人、旅行家。遍游名川大山，登安肃县釜山，寻觅黄帝合符台遗址，感慨万千，赋五言绝句：

釜　山

〔清〕魏士

合符事远矣，石泉水自深。
试尝淡泊味，犹见古皇心。

张玉，乾隆初年进士、诗人。在赴任直隶曲阳县令途中，借道踏青，登临安肃釜山，瞻仰黄帝合符胜景有感，赋五言律诗一首：

登釜山黄帝合符台

〔清〕张玉

典礼乾朝觐，衣冠拜冕旒。
釜山陈玉帛，符节共剖球。
列传千官合，铭功万古留。
轩辕台百尺，时有庆云游。

清代《安肃县志·艺文卷》载无名士游釜山，见釜山远眺似一大锅覆盖山顶，山之奇特，世间罕见，作《釜山》诗一首：

釜　山

〔清〕佚名

兹山何似似一釜，蒸煮烟霞烹月露。
东风炊熟万山云，散作漫天灵雨注。

据《炎黄汇典·与地略·山川》记载，“釜山在安肃县西四十五里，其状类釜，西接黑山，东临峭壁，中有谷甚宏敞，初人曰釜阳口，内为釜山村，泉甘土肥，物产鲜美，上有清凉寺，为游观胜地。旧志云，黄帝朝诸侯，合符于釜山，即此。自合符于此山后，名震华夏，历代登山瞻庙者，咏诗颇多。清光绪王余佑有《登山游诗记》”。其风雅至极，今录其全文于后。

登山游诗记

〔清〕王余佑

癸卯春，余寓遂州大王店，在釜山之阳十余里。适遂州友人赵隆轩至，自瓔陶（笔者注：今河北宁晋）相携班姬山，看余新题。

回邑中，同游郝参甫过我，曰：“我乡釜山，黄帝会诸侯合符之所，万古胜迹，不可不临眺。”

余曰：“隆轩有事遂城。须其旋，可命侣扶筇也。”

至三月二十七日，隆轩来。风日清和，参甫治行厨，具犊车，奉其尊大人凌久叔重伯为东道主，招同好而从事焉。先二日，参甫以诗柬山头羽人张玉峰及山国侯光岵云：

去年摇尘话岩扉，花雨茶烟霭落晖。

今日策云携胜友，莫教题字倚松归。

余次韵云：

釜山高处敞柴扉，几度登临忆昔晖。

羽客若知游客意，肯教空袖白云归。

光岵得诗，即走顾余于寓舍，先近治具。

至日余拟修刺侯光岵，而所招同人则有曹企华、郝绳武、丁光远，驱车过石梁急急出村，而北郊原平绿千畦，如铺翠红紫歇矣，因忆后一日朱明，届期春归候也，吟送春诗云：

今晨风日好，驱犊送春游。

陇外红云断，田间绿浪浮。

寻朋来谷口，携具上山头。

莫惜林泉著，壶觞可共留。

迤逦行十余里，过班姬山，望凤凰曲水，远目郎峰如剑插半天，又疑列屏环与西北，烟峦历历，颇想陶诗“前峰可数，后骑莫催”之致。

至村口，是处以釜山名村者凡五（笔者注：除东、西、南、北四釜山村，釜山北仍有一小村曰小釜山村，故曰五釜山村），此其东釜山也，居民百余家。路口曲折而上，门巷萧然，茅屋古树，则光岵居也。

甫下车，光岵出，参南已策青驴先至，其斋炉头汤熟酒热矣。

羽人方袍道左，嫣然一笑，吸茗毕，小酌数巡，出扶老给隆轩、凌九两长者，余皆摄衣健步，即不能者，为人尴尬不顾也。

直北行，小径纡如蚓，三苍头挑壶榼抱笔砚前导，令每至一峰顶，辄响信炮数声，以报山灵。

行里许即釜山麓也。山石录然，登道盘转，至半山坳处，小柏森列率新栽，茏丛如须髯。石垣版户，伟伟茧立，香台仙龛，花木杂植。

垣上两石龟交植，石下小泉汩汩，为汉樽可杯而饮，此即羽人栖息地。

小憩，烹泉啖果，再行，路蜿蜒，每一层折，辄有庵宇，皆植树其旁。

西绕不百步，有清泉石甃成井。井口柳树一株，颇来凉风。共坐卧少顷，因题“坐茂树以终日，饮清泉以自洁”二语其上，自此遂登峰矣。

参甫吟云：

巃嵸旧龛石磴稳，茏丛新柏翠阴匀。

余续云：

登登直上峰头去，指点千畦列绣茵。

盖山半下视，原隰麦陇青芊，真如绘也。须臾杖履札札，造顶际一望，烟寰平原，百里孤峰雄踞，群山趋跄，真有万国朝宗之势。

遐想当日，皇风沕穆，衣冠初兴，时玉锦辉煌，车书辐辏，不知若何鸿溶！后此兔迹狐踪，弥漫川陆，而睹覆釜之遗形，钦合符之盛事，犹令人肃然起慨，然怀何其唐哉！

于是苍头发炮，响动山谷，乃令布席陈肴于岳庙左，挥杯畅饮，侍者告墨饱。余乃题壁云：

帝驭龙升父，合符尚有山。

万年人气肃，百里甸烟环。

凌九次韵云：

古树村村聚，春云片片间。

弓裘何处是，尊酒酹苔斑。

轩帝今何在，垂衣说此山。

三皇礼始备，万国已初环。

甲子风云泰，乾坤日月间。

釜形乃上谷，瑞霭罩岩斑。

光远次韵云：

漫愁春色暮，逸兴自高山。

峻岭丹霞映，仙宫碧树环。

题诗标地胜，茗碗寄身间。

此日同群意，唯知短鬓斑。

是日相从者皆有诗，独吾友赵又元在瘿陶，高荩臣在遂城未预，须其后至焉。

隆轩诗云：

春事将阑，爱陡釜峦。

携我同人，把酒盘桓。

合符会散，辑瑞盟寒。

岩花空落，涧柳徒残。

千秋凭吊，漠然咏叹。

重伯诗云：

缅想垂裳治，陈踪何处寻。

惟余覆釜地，犹自送春吟。

企华诗云：

春深辗草强迫游，诗酒相携最上头。

缥缈云峰迎啸入，翠微山色映樽浮。

参甫诗云：

土德云官帝化长，釜丘无迹认轩皇。

烟峦雾岫犹嶙峭，搔首崆峒野客狂。

绳武诗云：

车书久绝迹，山势尚尊岩。

载酒登临会，峰头一拂髯。

光岵诗云：

悠悠万代踪，落落游赏客。

茅柴荒坞樽，琬琰岩端石。

盖一时盛会也，是为记。

二、今人咏釜山

（一）靳凤云，徐水釜山研究会研究员

中国圣山

一山飞驰太行前，云雾缭绕罩釜山。

钟灵毓秀仙山处，轩辕合符在此山。

(二) 张海涛，徐水釜山研究会副会长

沁园春·咏釜山

釜山竞秀，瀑水寒流，山青水澈。汇太行叠岚，紫气云烟，孤峰峻立，清凉世界。三泉闭月，链洞回音，曲径通幽仙人舍。夕阳斜，伴晚风云崖，坐卧山野。

遥想五千年前，自釜山会盟神龙跃。有合符台址，东山崖刻。石隙甘甜，黄泉漫泻。遗迹犹存，如进梦界，一身疲惫消卸。史记载，歌炎黄圣地，千秋功业。

(三) 杨树江，徐水釜山研究会副会长

七律·釜山情思

仲春且作逍遥游，忽复怀古思悠悠。
寻访高坛残碑谒，登临绝顶片瓦搜。
炎黄示信开天地，釜山合符运筹谋。
中华一统从兹始，和谐文明炳春秋。

釜　山　行

徐水釜山，及《史记》所载黄帝“合符釜山”之圣山，山有其形，地有其名，史有所载，物有所证，民有所诵，专家有评。古人云：“釜山，黄帝会诸侯合符之所，万古胜迹，不可不临眺。”予每登临釜山，辄有所悟，因为短句，凡三百六十言，歌以咏之，名曰《釜山行》。

黄帝合符地，悠悠五千年。中华大一统，釜山得天缘。
山形如覆釜，村名现周边。典籍文物证，民俗口耳传。
神龟旷野卧，瑞霭罩岩斑。大家诚邀至，今日登釜山。
孟夏草木长，葳蕤自天然。山路迂如蚓，时行时息肩。
山腰柴扉敞，高崖隐寒岚。倚树回首望，岩缝淌清泉。
掬水绵入口，凉意漾胸间。荆条遍山野，山花入眼帘。
三道围墙伫，坍塌仅残垣。风格干打垒，莫辨肇何年。
挥汗如雨落，正午上山巅。残碑凛然卧，世态转凉炎。
其文多漫灭，拂尘见庄严。铁画银钩力，刀锋疑笔端。
考古残碑露，黄帝会盟言。万邦诸侯聚，最著龙之先。
明碑压基脚，清代碑额全。圣母行宫庙，釜山同泰山。
举目视野阔，云淡眺层峦。风来荆涛涌，乌去崖壁悬。
山风送舒爽，小憩卧高岩。俯首乾坤事，凝思情怀远。
昔日黄河水，至此忽拐弯。滔滔东流去，吞吐泄平川。
先民生存计，进退赖釜山。一自会盟聚，合符万世传。
群山排云起，万邦朝轩辕。釜山际会始，和谐驻人寰。
甲子风云泰，乾坤日月间。一统从兹始，悠悠五千年。
题诗标圣地，不教空袖还。江山留胜处，吾辈复登攀。

（四）林看云，保定市徐水区诗词楹联学会会长

残　　碑

四野苍茫云蔽空，年年静卧在风中。

且将尘土摩挲去，试认轩辕不世功。

黄 帝 泉

一泓澄澈石中来，千载不枯人复猜。

或是神明佑徐水，祥光时照合符台。

合 符 台

高台遥望雨风平，一统河山伟业成。

试想群雄同聚首，中华自此发龙鸣。

（五）徐银杰，保定市徐水区诗词楹联学会秘书长

釜山石碑

此山初上拜轩辕，手抚碑身欲溯源。

虽是遗残无一字，傲然挺立胜千言。

釜 山 行

有朋相约欲寻真，掬得山泉酿酒醇。

待到丰收吉祥日，推杯再叙釜阳春。

（六）王旭东，徐水区青年书法家协会会长

山顶残墙

残垣柱础复榛荆，环护三匝古帝城。

片瓦沧桑摩弄罢，熊罴兵火有余声。

合 符 台

万众群集羽纛张，合符盟起定遐荒。

炎黄一自垂彝典，文物衣冠最永长。

山顶残碑

久经劫火与风霜，千载无言对夕阳。

多少王侯归朽土，贞心特立看沧桑。

（七）李艳丽，保定市徐水区诗词楹联学会副秘书长

初登釜山有感

无字残碑立古今，荆花细密枣芽深。

清风来说合符事，澄满心怀云满襟。

万古悲欢谁与同，相逢都付笑谈中。

釜山脚下炎黄土，岁岁春花烂漫红。

（八）赵星雨，保定市徐水区诗词楹联学会理事

釜 山

符信当年合，微身此日临。

岭云高不散，泉水自来深。

尚有平戎胆，唯怀报国心。

摩挲遗迹遍，祠庙作长吟。

（九）霍玉刚，保定市徐水区诗词楹联学会理事

咏釜阳春酒

天赐神泉度酒魂，灵机五谷釜阳春。

炎黄共饮传华夏，万古飘香岁月醇。

（十）张丽娜，保定市徐水区诗词楹联学会理事

釜山黄帝合符地雅集

轩辕合符事，华夏肇基深。

襟抱安天地，风流贯古今。

黄河留故迹，赤子诵余音。

雅契何其幸，集贤相与寻。

高鹰翔广宇，峻翼渺林岑。

远目村连舍，平畴麦涌金。

闻听千载计，来作釜山吟。

会此登临意，祥云寄帝心。

釜　阳　春

群芳燕集意微醺，甘洌泉香古有闻。

黄帝蚩尤擒百战，釜阳琼液犒三军。

青梅醉卧琉璃盏，紫葚氤开琥珀云。

金爵龙坛陈玉柜，高朋满座客纷纷。

从徐水古代历史文化透析雄安新区丰厚的历史文化底蕴

自 2017 年 4 月 1 日中共中央、国务院决定设立雄安新区的消息一经公布，全国沸腾，燕赵大地欢腾鼓舞，尤其是保定人民更是欣喜若狂。这是党中央做出的一项重大历史性战略决策，是继深圳经济特区和上海浦东新区之后又具全国意义的新区，是千年大计、国家大事。保定市徐水区可被称为新区的桥头堡。徐水与雄安新区地缘相连、人际相亲、地域一体、历史文化一脉相通，可以说是一衣带水、血乳相融、山水相连、历史文化不可分的关系。这千丝万缕交织在一起的历史文化是我们共同的历史脉络，从徐水的古代历史文化遗存引申出雄安新区丰厚的历史文化底蕴，今摘其主要历史事件而分述。

一、黄河故道就在徐水、雄安新区内流淌

黄河是孕育华夏 5000 多年文明的母亲河，在西汉以前称“大河”。汉高祖刘邦建立西汉帝国之后，见“大河”之水浑浊色黄，改

称“黄河”。《汉书》记载他在“封爵之誓”中说：“使河如带，泰山若历，国以永存，爰及苗裔。”这是黄河名称见于文献最早的记录。由于黄河中下游流经的区域所致，使黄河出现“善淤、易决、多徙”的特点。

据统计，历史上黄河决口改道达 1590 多次。因此，黄河故道数条。哪条是孕育中华 5000 多年文明的母亲河呢？著名历史地理学家谭其骧先生考证《山海经》中记载的黄河故道，即“山经河”比“禹黄河”更古老。这条黄河才是孕育华夏 5000 多年文明的母亲河。其流经的路线：黄河出河南孟津小浪底，沿太行山东麓向东北流向安阳，穿过邯郸至深州到高阳，从保定西到徐水境内，在徐水釜山之前，以 90°急转弯东去，经容城、安新、雄县，过霸州在天津北边入海。这条最古老黄河被称为“山经河”或“谭河”，是上古人类最初在黄河两岸创造中华文明的地方。从此，人类在黄河两岸繁衍延续。这一点，从近几千年的沿黄河故道两岸考古发现古人类生存遗址中得到了充分验证，距今 1 万年的新石器时代早期的徐水南庄头古人类遗址，是上古人类生活的缩影；距今 6700—7000 年前的仰韶文化遗址在安新县留村被发现；距今 5500—6000 年的仰韶文化中期遗址代表在任丘三安庄被发现；距今 5000—5500 年的仰韶文化遗址在徐水文村、瀑河、金家坟、遂城和容城的午方等多处被发现。2008 年，我考察统计保定北部诸县前仰韶文化、仰韶文化中晚期遗址竟存在 46 多处。

二、徐水南庄头古人类是徐水、雄安新区及其周边人的先祖

南庄头古人类遗址位于黄河故道北岸，今徐水区高林村镇北边的南庄头村，距容城 15 千米，在 1986 年文物普查时被发现，经国家、省、市、县四级联合考古挖掘，经四层破土深挖，在 8 米以下又出土了粗糙陶片、烧火坑，并且有数量极多的遗物，如石英片、石磨盘、石磨棒及加工过的动物骨骼、骨器等。经北京大学考古专家碳一14 测定，这一文化层年代为 9700—10500 年前。发掘这座几百平方米之大的上古人类生活遗址，历史价值意义重大，国务院将其公布为国家级文物保护单位。徐水南庄头古人类遗址有上万年的历史，是徐水及雄安新区周围人脉的源泉。

两万年前，地球上最后一次冰期结束后，人类又开始了繁衍，自 18000 年前起，北京周口店的山顶洞人出现后，他们向外辐射延伸，选择水草丰满、易狩猎捕捞和宜农耕的地方发展。首先来到古黄河两岸生存，创造了黄河流域人类文明历史。徐水与雄安新区正是此时开始了人类文明的发展进程。专家评定，南庄头古人类遗址是一处目前发现最早的新石器时代人类生存遗址，它揭示了黄河文明发展进化的真实面貌，历史意义重大。

三、巍巍巨蟒燕长城自易县到徐水在雄安新区蜿蜒穿过

燕长城始建于战国时期，由燕易王开始筑城，历燕王哙至燕昭王而建成，比秦长城早建 100 多年。燕长城为两道，故而有燕南长

城和燕北长城之分。燕南长城建得较早，在公元前 332—前 311 年。燕北长城建得稍晚，在公元前 331—前 279 年。燕北长城西起张家口向东延伸，过滦河经围场进入内蒙古赤峰，越老哈河经敖汉旗达阜新市北部至辽河，沿辽河再往东开原转向南，越鸭绿江到朝鲜的清江河畔的博州市。燕南长城起自燕下都（今易县城东南），沿南易水向东南延伸至徐水的遂城镇，沿南易水（徐水段称瀑河）的南岸直向东，穿容城、安新界到雄县，又向东北达霸州进入廊坊到文安境内。燕南长城在徐水境内全长 43 千米，在雄安新区境内长 142 千米。徐水段现存的长城已挂牌，被列为省级文物保护单位。城墙高 17 米，底宽 35 米，在大平原上筑城，堆土分层夯实而起，是燕国为保卫南疆而筑，是燕南赵北的分界处。因此，此处是中原农耕文化与北方游牧文化的交汇处。

徐水及雄安新区的人们，既具有受中原文化熏陶的人们善良细腻诚信之风，又具有北方文化的奔放豪迈诚信侠士之性格，故自古燕赵儿女多慷慨悲壮之士。荆轲刺秦王的故事就发生在徐水与容城之间。其中的主要人物都出在徐水。田光义士，徐水田村铺人。荆轲来燕国后，定居在遂城小赤鲁村。当太子丹率众给荆轲送行时，荆轲站在南易水河上发出高昂壮烈的绝唱：“风萧萧兮易水寒，壮士一去兮不复还。”他过徐水穿容城扬鞭打马赴秦行刺。

四、雄州的公孙瓒和徐水遂州张燕的黄巾军曾联合抗击河北的袁绍

据《资治通鉴》记载，东汉末年，群雄割据，霸占一方，都想

称王称帝。以许昌为中心的曹操，挟天子以令诸侯，讨伐各地。河北的袁绍拥20万人马，以冀州和临漳的邺城为大本营，与其抗衡。河北北方雄州的公孙瓒，聚众数万人，也与袁绍对抗。为了更有力地打击袁绍，联合占据徐水遂州张燕率领的黄巾军数万人马，搅得袁绍的后方不得安宁。后因公孙瓒与张燕不和而分道扬镳，结果公孙瓒被袁绍击败，张燕率黄巾军向西败走，占领徐水西象山为王，史称黑山军。最后，曹操打败袁绍后，收编黑山军为汉军，封张燕将军。东汉时雄州的公孙瓒和遂城的张燕的黄巾军联合时，有10万人马，曾是当时北方的一支劲旅。

五、北宋抗辽名将杨延昭先在徐水遂州后又在雄州创立地下战道抗拒辽军

北宋初期，宋朝与北方的金、辽的交界处乃是山西的雁门关（今大同市）和张家口一带，由于宋朝当时北方防御主帅潘美（潘仁美）的错误指挥，让副统帅杨业（又名杨继业）孤军深入作战惨遭大败，杨业战死，使山西北部和河北的一部地方失陷，宋朝的后线南撤到易州的紫荆关一带，后又退至徐水遂城。

此时，宋朝守边大将已改成杨业之子杨延昭（即杨六郎，958—1014年）。杨延昭年轻时随父出征，常为先锋，英勇善战，足智多谋，很有军事才干。曾任保州缘边都巡检使，高阳关、遂城关、瓦桥关（雄县）副都署。他守边20多年，号令严明，治军有方，屡破契丹（即辽国），边塞敌军闻杨六郎在都即逃。杨六郎为防止辽军来袭，在遂城北城墙下挖了一条长达10千米的地下战道，直通遂城西

北的釜山村。战道洞口高 2.36 米，洞宽 1.14 米，作为交战时的运兵暗道。北宋咸平二年（999 年），侵宋野心不死的辽国萧太后（即萧燕燕）又率 10 万大军南下侵宋。杨延昭大败辽兵，在遂城羊山上插上了杨字帅旗作为指挥所，诱敌来攻。

辽军主力将羊山团团围住，向山上猛攻。此时，杨延昭利用地下运兵站道，使 1 万多人马偷偷来到了敌军后，从外围将攻羊山的辽军包围住，山上宋军一鼓而下，使辽军腹背受敌，辽军阵脚大乱。萧燕燕知又中了杨六郎的埋伏，有全军覆灭的危险，于是急忙率残兵败将向西窜去，一场侵宋计划又遭破产。当杨六郎守瓦桥关（及雄州）时，在防辽战术上仍秉用挖地下隧道的方法，从雄县直通霸州有几十里之长，为迷惑众人，杨六郎每隔 3—5 天，就将雄州人马整装列队，旌旗招展，向霸州开拔，然后大队人马从霸州战道偷偷返回雄州。辽国见宋军有如此之多的人马守边，不敢再轻易侵宋，最后只好在白沟河以南、以拒马河为界订立了“澶渊之盟”，保持了北方边界长时间的安宁。

徐水的历史文化与雄安新区的历史文化是一脉相通的、永不能分割的，这是历史事实。

釜山源头宴诸侯，神州酿酒第一家——釜阳春

中国酒之起源在何时？侯云章著《中华酒典》云："中国是酒的故乡，早在三皇五帝时，我们的祖先就造酒了。"再从徐水境内出土的前仰韶文化、仰韶文化遗物中来看，其中有大量的饮酒器皿，如酒罇、酒钵、酒觚等，说明在上古时期徐水人就造酒、饮酒了。酒之起源在三皇五帝时，是极其正确的。至于说杜康（少康）、仪狄始作酒醪，那比轩辕时代晚了五六百年。杜、仪是夏禹时代的两位司酒官员，只不过二位司酒官将前人的造酒方法加以综合总结，使其工艺更加完善、更加系统化罢了，并不是说他们首创造酒方法。三皇五帝造酒实际上始于轩辕黄帝，但不是黄帝发明的造酒，而是黄帝的正妃嫘祖的侍女、炎帝的义女凤鸟姑娘在釜山山洞内无意中创造了酿酒技术。

黄帝时代的人们已经会用火了，故已改生食为熟食。当时，人们将低下的农耕收获和采集的野粟混合在一起，用陶釜煮熟而食。有时制作较多时，凤鸟姑娘就把剩饭存放在山洞以备再用。在温暖的春天，存放在山洞的食物因滴入的山泉而自然发酵，时间一长就

产生了一种醇香的液体。聪明的凤鸟将食物中的液体收集在陶罐内，越积越多，当喝了一点此液后，顿觉浑身通畅、精神倍增。这就是最早的醪糟酒。尤其在为迎接与蚩尤的大战时，蒸煮的谷粟较多，当时都存放在釜山山洞内，时间一长，生出此种香味的液体更多。

巍巍太行山被郁郁丛林覆盖，在群山与大平原接壤的地段，有一座突兀的孤山，像一口倒扣着的大锅，山因其形而得名“釜山”，亦称锅顶山、釜阳山。山腰悬崖上有一眼常年喷泻着清水的甘泉，泉涌之河因山得名“釜阳河”，乃今徐水曲水水库的源头。黄帝的大本营就设在依山傍水的釜山山腰。因外族侵扰，大敌当前，黄帝召集各部落首领在此议事，宣布了对蚩尤决战的命令。

在距釜山 10 多千米的平原开阔地，黄帝与蚩尤大战七天七夜，将蚩尤活捉，因蚩尤战败不服激怒各路兵将终被诛杀。

战争结束后，各路诸侯随黄帝集聚在釜山半山腰巨石平台上，黄帝宣布：“庆祝大战告捷，今设宴款待诸位！”

兵将们手持长矛、石斧振臂高呼：“黄帝常胜！黄帝常胜！”

各路诸侯交令合符后，黄帝设宴款待，命妇女们将烘烤的獐狍野鹿、煮熟的谷粟等食物送上，众头领大吃起来。此时，炎帝的义女凤鸟手捧陶罐走上前来，向黄帝跪拜禀报：“大王命我们在后方准备食物，小女将煮熟的野粟、红粱米饭在山洞内存放，因滴入山泉而发酵，冒出一股异香气味。我将溢出的液体收集在缸内，人喝一点精神倍增，疲劳顿减，请大王尝尝！”

黄帝倒入陶碗内，稍饮顿觉神怡，连连称赞：“好一个仙液琼浆，这是用什么造的？”

凤鸟答道："我们将九种谷粟蒸熟的食物存放在山洞，谁知滴入泉水后发酵而生出了此液!"

轩辕黄帝略加思索道："那就叫'九'吧!"

各路诸侯尝过，皆称赞禀告："大王命名为'九'，确实起得好!"

轩辕黄帝把手一挥，说道："诸位且慢，我思量光叫'九'不行，这种'九'是在春暖花开的季节在釜山南面山洞出现的奇迹，应该叫'釜阳春九'!"

大家高兴地喊："釜阳春九！釜阳春九……"回声在整个山谷内久久荡漾，人们从日中一直开怀畅饮到夕阳西下方散。

后有诗人赞曰：

釜山顶山迎朝霞，轩辕黄帝统中华。
诸侯畅饮釜阳春，神州酿酒第一家。

从此，黄帝部落由凤鸟操作传艺开始了酿酒业。后因造"九"是用水滴入而成，"九"字遂演变成现在的"酒"。

最早的中国古籍《尚书·周书》中就写有"酒之所兴，肇自上皇（指黄帝）。……有饭不尽，委余空桑。郁积成味，久蓄气芳。本出于此，不由奇方"，说的是中国最早发明酒是在黄帝时，实际是总结了凤鸟在山洞制酒的过程。

据《资治通鉴》记载，4000年前，黄帝轩辕氏战蚩尤于涿鹿，合符示信于徐水釜山，以釜阳琼浆犒赏全军。

昔日荣誉：

1991年获国家经贸部
优质产品奖

1992年获河北名酒称号

被评为
“中华酒文化优秀企业”

被评为
“重合同守信用单位”

1991年被
中华人民共和国农业部
评为“先进企业”

1993年釜阳春
被河北省轻工业厅
评为质量保证标志

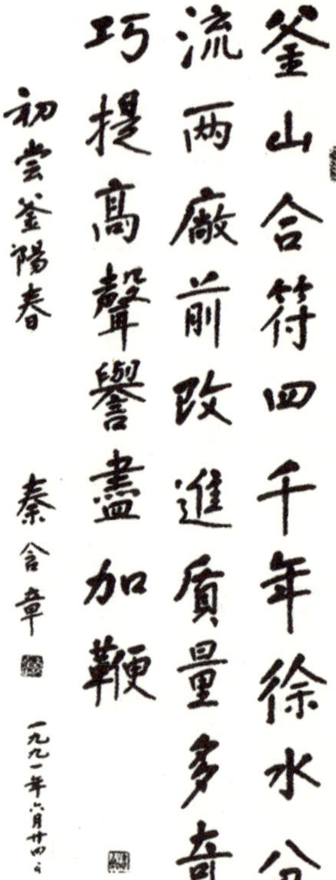

1993年获国际名酒
香港博览会金奖

1992年获得
“消费者信得过优质酒”

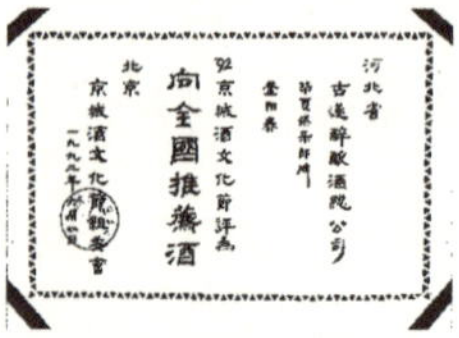

1992年被京城酒文化节
评为“向全国推荐酒”

获“中国文化名酒”奖牌